快速阅读

全想脑力提升书系

刘志华 著

中国纺织出版社有限公司

内 容 提 要

在这个快速发展和知识爆炸的时代，拥有快速阅读的能力肯定要比别人领先一步：掌握的知识更多、花费的时间更少、表达不仅有逻辑还更有说服力。阅读速度慢、看完记不住、记住了不能有逻辑地表达是人们经常遇到的难题，但快速阅读绝不仅仅是读书速度快，更要有效吸收消化，把书中内容变成自己的知识资产。刘老师从事快速阅读培训十余年，在本书中他向读者详细介绍了一整套快速阅读的方法：阅读时怎样集中注意力，快速阅读怎样激活全脑思维，怎样选取关键词制作超级思维图卡，怎样提高眼商等。跟随本书的训练和引导，你不仅能自由把握阅读的节奏，还可以又准又快地抓住书中的重点，系统地提高阅读速度和质量。

图书在版编目（CIP）数据

"全想脑力提升书系"快速阅读 / 刘志华著. --北京：中国纺织出版社有限公司，2021.1
ISBN 978-7-5180-7871-4

Ⅰ.①全… Ⅱ.①刘… Ⅲ.①阅读辅导 Ⅳ.
①G252.17

中国版本图书馆CIP数据核字（2020）第174268号

责任编辑：郝珊珊　　责任校对：高　涵　　责任印制：储志伟

中国纺织出版社有限公司出版发行
地址：北京市朝阳区百子湾东里A407号楼　邮政编码：100124
销售电话：010—67004422　传真：010—87155801
http://www.c-textilep.com
中国纺织出版社天猫旗舰店
官方微博http://weibo.com/2119887771
北京通天印刷有限责任公司印刷　各地新华书店经销
2021年1月第1版第1次印刷
开本：710×1000　1/16　印张：12
字数：198千字　定价：59.80元

凡购本书，如有缺页、倒页、脱页，由本社图书营销中心调换

前言
PREFACE

享受阅读——我的故事

当我在 23 岁那年接触到全脑快速阅读这个课程的时候，才发现它的真正魅力——让我找到了一个对我来说真正正确的读书方法。经过这个课程的训练后，我就给自己定下了一个目标——每年至少阅读 200 本书，十多年来，一直如此。因为阅读，拓宽了视野，让我变得阳光向上；因为阅读，打开了自己的心扉，让我变成了一个积极思考的人；因为阅读，让我变得自信和乐观，确信只要通过自己的努力就一定可以实现梦想；因为阅读，我累积了丰富的知识，在人际交往中变得越来越受欢迎。

2001 年，我立志要成为一名优秀的脑力潜能开发培训师，自此便全身心地踏入了大脑潜能培训行业，成为了一名记忆力提升培训课程储备讲师。每次看见自己机构的培训师在几百人的课堂上讲得眉飞色舞、头头是道，学员们在台下如痴如醉的样子，我就恨不得台上的那个培训师是我。但现实是，别说上台去演讲，就是每天公司内部晨会上的"5 分钟读书分享"就搞得我焦头烂额。那时候，公司要求所有的储备讲师每天早上在晨会上必须把自己头天看过的一本书里的精华内容当着全部员工的面在台上做一个 5 分钟的分享。轮到我分享时，因为每次都找不准书中讲述的精华，所以讲得乱七八糟、毫无重点，每天的评分都是倒数第一，两个星期下来，名次依旧。渐渐的，在公司的晨会分享上，有同事开始起哄了，甚至给我取了一个"毒书大王"的称号，那时候我真的非常沮丧，但碍于面子问题，我没有向任何人请教，而是开始找借口逃避每天的晨会分享。

进公司大概一个月，我的老板见我每天这副窘态，实在忍不住了，把我叫到他的办公室狠狠地骂了一顿，他的一句话深深地触动了我：书都不会读，你还想做个一流的培训师，做梦！那天晚上，我把自己捂在被子里放声大哭，在难过之时甚至动了辞职改行的念头。但冷静下来细想之后，我跪在自己那狭小的出租屋里发誓：我一定要摘掉"毒书大王"这个称号，让自己成为一个真正会读书的人。现在回想起当初这个决定，我竟是如此庆幸自己当时的冷静和理智，否则我不会有今天的成就，更不会有从《超级记忆》到《快速阅读》这一系列的脑力潜能开发的书籍面世了。

当一个人放下了自欺欺人的面子问题后，一切都会发生改变。孔子曰："三人行，必有我师焉。"我开始向公司里的培训师们虚心请教，让他们协助我突破这个难点。在几位老师的帮助下，我有了小小的进步，但依然跟自己的预期目标有很大的差距。一个人想要改变，却苦于没有正确的方法是最痛苦的事情，后来公司做出的一个决定让我欣喜若狂，因为这个决定让我找到了真正正确的阅读方法。为了拓宽脑力潜能培训课程，公司在原来的记忆力提升课程和思维导图课程的基础上增加了一个全脑快速阅读课程。为了提升公司培训师的教学能力，特地从台湾请来了一个老师给所有的员工进行15天的全脑快速阅读课程系统培训。

正是这15天，我才第一次全面地了解了正确的全脑快速阅读方法，让我对自己以往的读书方式作了全面的修正。如果要给我以前的读书方法做个总结的话，那就是"我只是在翻书，而不是在阅读"。真正的阅读是用"脑"

前 言
PREFACE

而不是只用"眼",用"脑"去"吸收",而不是只用"眼"去"扫描"。

当我明白这个阅读方法的秘密之后,就开始不断地练习老师教授给我们的方法,并用于实践。一个月后,再上台做分享的时候,也就是在那一瞬间,我突然醒悟,读书其实是一种乐趣,让我在阅读的同时加以学习和思考,最后把自己的感悟付诸实践!这种快乐就犹如《西游记》中唐僧师徒经过九九八十一难后取回了真经!

在我的办公室里,有很多学员看见那么多书籍堆在满满的几个大书架上,都会问我这样两个问题:老师,书架上那么多的书你是花了多长时间看完的?你看了这些书后是不是还记得书里讲述的知识要点?对于这两个问题,我从没有正面地回答,因为我相信"事实胜于雄辩"。每次我都会让他们从书架上任意找一本书,让他们看着目录,花上三四十分钟的时间,我一条一条地把这本书讲的要点跟他们讲述一遍,直到他们都惊讶地张大嘴巴。这还不是最夸张的,最夸张的是一个在飞机上的陌生人得知我看一本15万字左右的书籍最多不超过两个小时的时候,硬是在下了飞机后,拉着我坐在机场出口的椅子上,让我把从上海到重庆这两个多小时航程中看完的《高效能人士的七个习惯》这本书跟他做了差不多两个小时的分享。听了我的分享,这位两个小时前还是陌生人的高校教授,两个小时后就成了我的学生,在上完了我讲授的脑力潜能开发培训的全部课程后,他成了我的挚友,并不断地把我的课程推荐给他身边的朋友。

现在,许许多多的人羡慕我有这样的超速阅读能力,甚至有的学生觉得我这种能力是天生的,没有人能复制,但我告诉你们,只要运用了正确的、适合你的读书方法,你甚至会比我做得更好。很多人将信将疑,但听了我的故事,他们不仅改变了以前的看法,连思维方式和行为方式也发生了巨大的变化,尤其是在结业典礼上看到了自己的变化和取得的成绩,很多人都激动得流下眼泪。而在我看来,他们此刻的表现,只不过是十多年前我

"全想脑力提升书系"
快 速 阅 读

上全脑快速阅读课程毕业时的情景再现。

　　而今的我就是这样快乐地、享受地阅读，而这种快乐和享受是建立在正确的阅读方法之上的。只要你拥有正常的智商水平，那就请放松心态，因为只要掌握全脑快速阅读的关键技巧和方法，9岁以上、60岁以下的任何人都可以和我一样轻松获得惊人的全脑快速阅读能力。

　　好了，闲话少说，从现在开始，请你跟着我一起走进全脑快速阅读训练这段奇妙的旅程，一起享受阅读的乐趣吧。

目录
CONTENTS

第一章　改变一生的阅读方法　_001

　　第一节　阅读是生存技能　_003
　　第二节　阅读改变人生　_005
　　第三节　改变不良的阅读习惯　_008
　　第四节　快速阅读的起源　_011
　　第五节　全脑快速阅读的原理　_015
　　第六节　阅读能力检测公式　_019
　　第七节　初测你的阅读力　_022

第二章　集中自己的注意力　_027

　　第一节　快速阅读需要高度集中注意力　_029
　　第二节　固点凝视法　_032
　　第三节　舒尔特方格法　_034
　　第四节　五分钟静坐冥想法　_038
　　第五节　颜色图卡训练法　_041
　　第六节　运用集中起来的注意力　_046

第三章　激活自己的全脑思维　_049

　　第一节　快速阅读需要左右脑协同　_051

第二节　全脑思维训练着手点　_054
第三节　运用大脑的联结能力　_059
第四节　启动大脑的转接思维　_064
第五节　启动大脑的跳跃思维　_067
第六节　接收信息的五感　_072
第七节　抽象词句转换激活五感　_075
第八节　情景引导激活五感　_078
第九节　五感并用，环环相扣　_083
第十节　用头脑影院幻化故事　_087

第四章　运用超级思维图卡　_093

第一节　读书前的四个提问　_095
第二节　把握书本整体骨架　_098
第三节　构建图书的知识网络结构　_102
第四节　提取关键字词方法（1）　_106
第五节　提取关键字词方法（2）　_111
第六节　厘清关键词之间的逻辑关系　_116
第七节　超级思维图卡的制作步骤　_118
专栏一　制作属于自己的超级思维图卡　_124

第五章　眼商提升训练　_127

第一节　EyeQ 是快速阅读的关键　_129
第二节　视点移动能力训练法　_131
第三节　视幅范围扩展　_137
第四节　瞬间感知能力训练　_140

目录
CONTENTS

　　专栏二　词群阅读训练　　_142

第六章　速读方法运用训练　　_151

　　第一节　收集信息三种方式　　_153
　　第二节　线式阅读法　　_155
　　专栏三　线式阅读训练　　_157
　　第三节　直视阅读法　　_160
　　专栏四　直视阅读训练　　_162
　　第四节　面视阅读法　　_166
　　专栏五　面视阅读训练　　_169
　　专栏六　无声阅读　　_174

第一章

改变一生的阅读方法

第一章

改变一生的阅读方法

第一节　阅读是生存技能

有哲人说:"书籍是人类进步的阶梯。"是的,养成良好的阅读习惯并掌握正确的阅读方法,对自己的未来会有相当大的帮助。有教育界的人士曾经对被评为"全国十佳少年"的孩子进行调查,发现这些孩子在阅读能力方面都高于普通孩子;也有人曾经对一些成功人士进行采访,发现这些人在总结成功经验的时候,都提到阅读让他们在工作和生活中受益匪浅……

不但如此,良好的阅读习惯和正确的阅读方法甚至还会影响到你身边的人,例如,当你的家人和你一样爱上阅读,他们必定将同时学会爱的方式,他们会懂得爱自己、爱他人、爱生命、爱世界,并且把这种爱源源不断地传递给身边的人,当有一天,这些爱伴随着这个椭圆形的地球传递一圈后,必将以更加饱满的方式回馈自己。地球是椭圆的,你传递出去的是爱,收获的也必将是爱。

我们处在一个高度发达、快节奏、高效率的信息时代里面,大量的资讯和信息一睁开眼睛就会扑面而来,无论是在校学生还是走上工作岗位的职员,或者正在寻求创业的有志之士,都已经清楚地意识到,如果再采用过去那种传统的常规的蜗牛式的阅读方法,在这样一个知识更替和信息泛滥呈几何倍数增长的时代里已经无法适应了。在这么多年的教学中,我发现一个人要想在生活和工作中发挥出更大的力量,就必须懂得如何快速收集和利用有效的信息和知识为我所用,快速提升自己的能力,只有这样,

"全想脑力提升书系"

快速阅读

一个人才拥有成功的关键。那到底要如何快速收集和利用有效的信息和知识呢？很简单，绝大部分信息都来自阅读。一旦拥有良好的阅读习惯和方法，就可以满足终身学习的需求。因此有学者提出，在现代社会中，阅读可以说是一种基本的生存技能，且这种技能不是与生俱来，而是需要刻意培养的。

但事实是，阅读却成为大多数人的一种被动选择。我曾在2013年底看过一名印度工程师撰写的文章《令人忧虑，不阅读的中国人》，当时这篇文章在网上引起非常大的反响，一时红遍网络。这个印度人发现，夜晚坐在德国法兰克福飞往上海的飞机上，玩iPad、打游戏或看电影的基本上都是中国人，而其他国家的乘客则在安静地阅读或处理公务。我国是世界上阅读历史最悠久的国家，为了方便阅读，早在东汉时期就发明了造纸术，理应早已形成全民阅读的习惯，然而现在很多人却不肯静下心来读一读书。为什么呢？原因就在于大多数的人都没有养成一个良好的阅读习惯和使用正确的阅读方法。现在，是时候改变了。

画重点

⊕在现代社会中，阅读可以说是一种基本的生存技能，且这种技能不是与生俱来，而是需要刻意培养的。

⊕如果再采用过去那种传统的常规的蜗牛式的阅读方法，在这样一个知识更替和信息泛滥呈几何倍数增长的时代里已经无法适应了。

⊕但事实是，阅读却成为大多数人的一种被动选择。

第一章

改变一生的阅读方法

第二节　阅读改变人生

据2019年《环球时报》报道,中国读书的人数正在逐年减少。只有不足1000万人喜欢阅读小说、诗歌和戏剧等文学作品;对于中国当代的文学作品及作家能说出一二的青少年不足10%;5年前,上海学生每人每年借阅图书大约10本,而现在还不足1本。

专家指出,导致中国人读书越来越少而看手机的时间越来越多的原因在于,中国人的阅读越来越功利化。为此,中央电视台专门开辟出了一个时段来做读书的节目,提倡大家多读书、爱读书。西班牙之所以首倡设立"世界读书日",不仅仅是因为这天是作家塞万提斯的辞世纪念日,更重要的是,当地居民多年来在这天有赠送玫瑰和图书给亲友的习俗。

一位哲人说:"一个人的精神发育史实质上就是一个人的阅读史;一个民族的精神境界,在很大程度上取决于全民族的阅读水平。"为什么阅读会对一个人的成长和社会的发展产生如此大的影响呢?

阅读可以净化心灵,开阔视野。有人曾写下这样的佳句:"生活里没有书籍,就好像没有阳光;智慧中没有阅读,就好像鸟儿没有翅膀。"是啊,知识是人类进步的阶梯,阅读则是人类了解自己和获取知识的重要手段和最好途径。阅读有益的书籍不但有助于开阔视野、增长见识、培养广泛的兴趣爱好、提高为人处世的能力等,而且还可以从书本中汲取到丰富的营养,净化心灵,让自己拥有积极乐观的心态,成就自己的未来。就如电影《中国合伙人》中主人公成冬青决心"在大学里要读800本书",其原

"全想脑力提升书系"
快速阅读

型俞敏洪在大学里做得最多的事就是读书,这成就了他今天的事业。回首往事,他认为上大学就应该多读书,读书会使一个人的思想和精神得到提升,拥有终生的财富。

阅读让人对自己和未来充满希望。读书贵在坚持,让阅读成为一种生活方式,是一个长期的过程,不能松一天紧一天读一天歇一天。如果每天都把自己浪费的一些时间利用起来用于阅读,哪怕只有10分钟,日积月累下来也是一个惊人的数字。为了培养孩子读书的习惯,犹太人的家庭一直有这样的传统:在小孩稍懂事时,母亲就会翻开《圣经》,滴一点蜂蜜在上面,让小孩去舔带着蜂蜜的图书。其用意不言自明,让孩子从小就知道读书是一件甜蜜的事情,久而久之,孩子就会养成一个良好的阅读习惯。这种良好的习惯会丰富一个人有限的人生,还可以涵养一个民族的精神气质,铸就一个国家的文化根基。据统计,1901~1995年,在645位诺贝尔奖获得者中,犹太人有121位,高居世界各民族之首。曾经饱受苦难的犹太民族,之所以今天能够崛起于沙漠之上、屹立于世界民族之林,同样与其民族优秀的阅读传统息息相关。

阅读可以提升一个人的勇气和战胜困难的力量。一个人集中注意力进行阅读的时候,一定是心境最为平静的时候。淡淡的书香和文字的魅力能够消除内心的浮躁,让人沉浸在文字宁静的世界里,给心灵以慰藉和滋润。同时,从书中吸取的知识和能量还能赶走内心的空虚,让一颗心在知识的海洋中渐渐丰盈、充实。有了这些知识和能量做支撑,就算是在逆境中,一个人也能激发自己的无穷潜能,战胜困难,获得事业和精神的双重成功。

阅读可以提高解决问题的能力。善于阅读的人一定是有主动性和创造性的,这使得他们能迅速地把书中主动认知和吸收的知识积极运用起来,开动脑筋去思考问题、分析问题,最后拿出一个最佳的解决方案来

第一章
改变一生的阅读方法

处理问题。

阅读可以提高写作能力。欧阳修说:"立身以立学为先,立学以读书为本。"长期的阅读,一定会积累丰富的词句,天长日久,自然会产生写的欲望。而且因为读的书多,写起来也会有信手拈来的感觉。杜甫所谓"读书破万卷,下笔如有神",说的就是这个道理。

总之,可以用培根的一句话来高度概括阅读的好处:"读史使人明智,读诗使人聪慧,演算使人精密,哲理使人深刻,道德使人高尚,逻辑修辞使人善辩。"

培根(1561~1626)

画重点

⊕ 一个人的精神发育史实质上就是一个人的阅读史。

⊕ 读书贵在坚持,让阅读成为一种生活方式,是一个长期的过程。

⊕ 读史使人明智,读诗使人聪慧,演算使人精密,哲理使人深刻,道德使人高尚,逻辑修辞使人善辩。

第三节 改变不良的阅读习惯

在人一生的成长当中，我们有很多的老师，遗憾的是，在这么多年的学习生涯中，我们学习到了很多的知识和技能，但没有一个老师能教会我们真正的阅读。因此在踏入社会后，很多人发现，如果再按照原来的方式去阅读一本书，会变得非常困难。原因很简单，有太多常见的不良阅读习惯在影响着我们阅读的效率和速度。在全脑快速阅读训练中，如果你不改变这些不良的阅读习惯，一定无法获得全脑快速阅读的训练成果。在这么多年的教学训练中，我把这些不良的阅读习惯做了总结，大致分为以下几种：

第一种：音读。音读是很多成年学员在进行全脑快速阅读训练的时候，最难克服的一个习惯。在很多人原有的阅读习惯中，都是眼睛看见文字后，发出文字的"声音"，这种"声音"再通过听觉中枢传递到大脑。一般来讲，没有经过训练的人，阅读的速度是每分钟300~500字，而且，采用音读的方式阅读，阅读效率受到心情、环境等方面的影响只会更进一步降低。由此，只有消除音读，你的阅读速度才会提升。

第二种：逐字阅读。这种阅读习惯是我们在小时候就形成的，在幼儿园或者小学一二年级时，老师为了让我们念课文或者古文古诗时做到字正腔圆，让我们一个字一个字地朗读。久而久之，很多的人在无形之中养成了这种从头到尾一字不落的阅读方式。当然，一个孩子在刚刚进入学校的时候，这样的阅读方式是必需的过程，但随着年龄的增长，这样的阅读方

第一章
改变一生的阅读方法

式会越来越影响到我们对新事物、新知识的吸收和提取。不信的话，你现在可以采用逐字阅读的方式阅读下面这一段话：

人/们/非/常/高/兴/看/见/全/想/超/级/脑/力/教/育/训/练/机/构/的/刘/志/华/老/师/来/到/北/京/做/"学/习/改/变/未/来"/的/主/题/演/讲。

怎么样，一个字一个字地阅读是不是感觉到非常不舒服，而且对这段话的理解好像还处于一种断线的状态，变得更加难以理解了。如果我们换一种阅读方式的话，你看看是不是会好得多？

人们非常高兴/看见/全想超级脑力教育训练机构的/刘志华老师/来到北京/做"学习改变未来"的/主题演讲。

当按照词语分组后，采取快速阅读的方式阅读时，我们阅读的体验和感觉会舒服得多，信息会立刻被大脑感受到，理解力会进一步增强。

第三种：回视返读。这种不良的阅读习惯很多人都有，为什么呢？因为很多人在看一本书的时候，由于担心自己无法清楚地理解书本内容，往往看完一段就开始回忆、复习，但由于在阅读的时候注意力不集中，导致在回忆的时候只能回忆起一小部分，甚至有人一点儿都无法回忆起来。因此，很多人不得不翻开书把这段内容从头到尾再看一遍，这样几次下来，很多人就没有了阅读的兴趣。采取这样的阅读方式，会导致一个奇怪的现象发生：一本书的前面几十页都翻烂了，后面的一百多页还是崭新的。

第四种：转动头颈。我有一次去一个国学班讲授"超级记忆力"训练课程，到达课堂的时候，正巧有另外的老师在教孩子们读《弟子规》，孩子穿着汉服有模有样，朗朗的读书声让家长们对孩子的学习状态非常满意。对教学来说，老师能带动孩子们快速融入学习的状态是非常值得表扬的。但我要说的是另一个现象：在45分钟的教学时间里，一个个孩子手里捧着课本，配合着读书声在自己的位置上转动着自己的脖颈，摇头晃脑，而且幅度还非常夸张。其实这种朗读方式是值得商榷的，孩子们正处在发育阶段，如果稍有不注意，扭伤了脖颈就是个大麻烦了。对于成年人来说，这个方法也是不可取的，不信你转动头颈阅读10分钟的文章试试看？

　　第五种：假阅读。很多没有经过全脑阅读训练的人在看书的时候，也非常快速，但最后如果让他把刚才阅读过的内容回想一下，他也许连一个字都想不起来。这种阅读就是假阅读，也就是我们常说的只是翻了一遍书而已。在现实阅读中，这样的大有人在。造成这种情况的原因很简单，就是没有读书的目的和没有使用正确的阅读方法。

　　以上列出的都是常见的不良的阅读习惯，应尽早通过本书讲授的全脑快速阅读方法加以克服，越早越好，越快越好。

画重点

⊕ 音读是很多成年学员在进行全脑快速阅读训练的时候，最难克服的一个习惯。

⊕ 小学生经常采用的逐字阅读和转动头颈等方式并不可取。

⊕ 回视返读和假阅读也是常见的不良阅读习惯。

第一章

改 变 一 生 的 阅 读 方 法

第四节　快速阅读的起源

　　现代快速阅读究竟起源于什么地方和国家，有不同的说法，有的认为起源于英国，有的认为是苏联，但速读业界公认快速阅读起源于20世纪40年代末期的美国。快速阅读的出现显然是与当时世界经济、文化的发展有关。

　　20世纪40年代，受"经济巨浪"和"文化巨浪"冲击，社会生活节奏明显加快，出版物猛增，出版速度加快，亿万读者若还是依靠传统的按部就班的逐字逐句的阅读法进行阅读，就会陷入茫茫书海之中，被信息浪潮淹没，所以快速阅读在当时的时代背景下应运而生。然而这仅仅是快速阅读产生的社会和文化背景，并不是它的起因。从世界范围看，众多科学家和教育家虽然也认识到快速阅读的重要性和紧迫性，但其科研的进展在初期是很缓慢的，研究者并不知从何处着手。速读取得突破性进展并确立最早的训练方法和训练器材，是建立在一个意料之外的基础之上，这个基础是当时的美国空军提供的。

　　当时，美国空军战术专家面临一个严峻的课题：许多驾驶员在飞行时不能及时辨别远处的飞机，瞬间感知能力亟待提高。在生死攸关的空战中，在这方面无能为力实在是个巨大的失利，将永远失去战斗的主动权。因此，空军的心理学家和教育学家都着手来解决这个问题，他们发明了一种叫做速视仪的装置，让敌机和友机的形象在屏幕上显现的时间可长可短，尺寸可大可小。开始时，飞机图像显现的时间长，尺寸大，后来显现的时间逐渐缩短，尺寸也逐渐缩小。他们惊奇地发现，当小得像一个斑点似的飞机图像以1/500秒的速度在屏幕上显现时，哪怕是经过训练的普通人也可以分辨。

当阅读教育学家们得知这一信息后，马上意识到，这项技术是对全脑快速阅读有重大意义的成果，并在此信息的基础上做了进一步研究，建立起现代速读的雏形。他们决定把这一成果应用到快速阅读训练当中，并照猫画虎地使用上述装置和方法。

最开始，让一个大字母在屏幕上显现5秒，然后逐渐缩小字母的大小并缩短显现时间，直到屏幕上同时显现出四个非常小的字母而显现时间只有1/500秒时，受训者仍可以辨认。这一结果证明，经过训练的普通人可以在一分钟内分辨12万个字母，如果按每个单词平均6个字母来计算，就相当于2万个单词；而当时美国人的平均阅读速度只有每分钟200个单词，仅仅是受过训练的人的1%。科学家和教育家们惊喜地发现，人类在阅读速度方面的潜力是相当巨大的，是可以通过训练提高的。

第二次世界大战结束后，随着美国经济、科技、文化的进一步发展，快速阅读开始进入推广阶段。最初，是举世闻名的哈佛大学开办了第一期快速阅读训练班。在带动下，这种训练班很快在各地的大、中、小学校中普及，国家和各种基金会纷纷投资，集中一批专家学者专门进行研究和推广，并创办学校、出版专著、设立学位，使这一新学科很快形成并茁壮成长。同时世界各国先后竞相仿效，开始进行快速阅读的研究和训练。目前，美国有专门研究和传授快速阅读的速读学院，可以为学习者授予博士学位，现代化的计算机、多媒体技术，也在快速阅读训练中发挥作用，使训练的过程更富于趣味性，也更易于见成效。

在美国，目前80%以上的高等院校都开设有快速阅读课程，许多中小学校都把快速阅读列入教学计划，旨在让学生尽早掌握这种高效率的学习方法和工作方法。

第一章
改变一生的阅读方法

在英国，剑桥大学引进了哈佛的方法并加以改进，采用电影教学的方式开办成人快速阅读训练班。

在法国，《快速阅读课本》被定为教科书于1996年向全国发行；到20世纪70年代，"快速阅读学"被列入国家重点科研项目；80年代初，法国在全国中小学推行"创造性阅读法"。

在韩国，把速读训练效果推向每分钟万字以上，并取得大面积优异教学成果的是韩国速读专家金龙镇先生。韩国政府在1981年12月颁布的《私设讲习法令》中，允许采用速读课程作为教学科目，并在此基础上建立了速读学院、速读讲所，并举行一年一度的"最佳速读竞赛大会"。在韩国，不论是政界、军警、教师还是企业界的各种组织，一旦取得速读讲师的资格，工资就会提升。而成为专职速读讲师的人，其工资将比原来高出一倍。传授快速阅读的学校几乎遍布所有城市，仅首尔就有几十家。

在日本，速读专家加古德次、芦田献之等分别从韩国、美国引进快速阅读法，并组织团体、开办学校，进行快速阅读的研究与普及。

苏联也是开展快速阅读研究和推广比较早的国家，早在20世纪20年代，苏联就出版了很多关于快速阅读法的书籍。1966年，敖德萨的两名研究人员用他们自己制造的阅读加速器开始试验快速阅读法。1970年，代号"量子—700号"的试验表明：经过一定时间训练的人，阅读速度能显著提高。此后，快速阅读实验室、快速阅读学校在苏联各地纷纷建立，把快速阅读作为正式课程列入教学计划，取得了丰硕成果。

画重点

⊕快速阅读起源于20世纪40年代末期的美国。

⊕快速阅读取得突破性进展并确立最早的训练方法和训练器材建立在当时美国空军实战的基础上。

⊕人类在阅读速度方面的潜力是相当巨大的,是可以通过训练提高的。

第一章
改变一生的阅读方法

第五节　全脑快速阅读的原理

在全脑快速阅读训练中，第一要紧的事情就是必须了解大脑的运作方式，并在全脑快速阅读训练中全面配合大脑的运作方式，这样不但可在相对较短的时间里轻松达到训练目的，而且还可以让身心保持在愉快并且高效的巅峰状态。反之，若违反大脑的正常运作方式，就算是全身心地投入训练，非但达不到学习训练的效果，反而很快就会因身心疲惫而放弃了。这就印证了一句话：方法不对，努力白费；方法用对，事半功倍！

各位亲爱的读者，你了解你的大脑吗？在每一次培训课程的现场，我都会问学员这个问题，但得到的答案都是三个字：不了解！当我再进一步提问：各位亲爱的学员，我们的大脑是由多少个脑细胞组成的？基本上很少有学员能说出来，大多数的学员开始乱猜：30万个、500万个、10亿个、1000亿个，甚至还有说1000个的。答案五花八门，为什么会这样？这一切都源自我们对自己身上这个最先进的零件一点都不了解，甚至可以这样说，有些人对它的了解近乎于零！

这不怪你，因为我们不是人类大脑的研究者，就算是，也不可能就大脑的细胞个数给出一个准确的答案，更别说对大脑的各项功能达成一致意见。但是通过先进的生物科学技术研究发现，我们每一个健康的成年人的大脑平均有140~230亿个脑细胞。虽然大脑有上百亿的脑细胞，但脑细胞的新陈代谢也是非常厉害的，每小时都有数千个脑细胞在衰亡，但是同时也会新的脑细胞诞生。

"全想脑力提升书系"

快速阅读

很多科学家这么认为，对于常人来说，在这么多的脑细胞当中，一生中最多只有15%左右的脑细胞在参与工作，还有近85%是处于待使用的状态，当然这并不是说没有用处，而是在使用我们大脑思维潜能方面没有用到而已。许多为人类发展作出了伟大贡献的科学家和伟人，最多也只使用了20%左右的脑细胞。但对于大脑的潜能开发来讲，这根本不算什么，因为最新的研究更进一步地表明，人类现在对大脑潜能的开发和利用还不到1%，如果我们能把剩下的99%都利用起来，那将是多么巨大的能量！

不要吃惊，你必须要相信，这是真实的。众所周知，我们的大脑主要分为左、右大脑半球，经过美国神经心理学家罗杰斯佩里及很多科学家的后续研究，人类已经基本上熟悉了两个半球的思维功能。目前普遍被大家接受的左右脑分工理论是这样的：左半脑主要负责理解、记忆、时间、语言、判断、排列、分类、逻辑、分析、书写、推理、抑制、五感（视、听、嗅、触、味觉）等，思维方式具有连续性、延续性和分析性，因此左脑可以称为"意识脑"或者"学术脑"。右半脑主要负责空间形象记忆、直觉、情感、身体协调、视知觉、美术、音乐节奏、想象、灵感、顿悟等，思维方式具有无序性、跳跃性、直觉性等，因此右脑又被称为"创造脑"或者"艺术脑"。

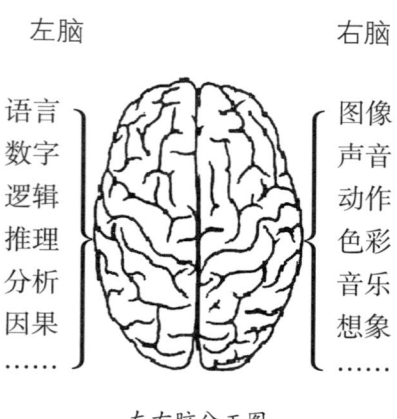

左脑　　　　　　　　右脑

语言　　　　　　　　图像
数字　　　　　　　　声音
逻辑　　　　　　　　动作
推理　　　　　　　　色彩
分析　　　　　　　　音乐
因果　　　　　　　　想象
……　　　　　　　　……

左右脑分工图

第一章
改变一生的阅读方法

通过上面的分工图，我们可以清楚地看到大脑的左右两部分分别承担着不同的功用，而在进行传统阅读时，由于大部分人都是采取逐字阅读的方式，因此，在这个阅读过程中主要使用的是左脑，而右脑的功用却几乎闲置不用。这是因为在传统的阅读方法中，书面上的文字信息由于光的作用会对眼睛产生刺激，视网膜接收到这种刺激之后，立刻把信息传输到大脑的视觉中枢，视觉中枢经过辨识处理之后传递到语言中枢再进行进一步的辨识之后，再由语言中枢传递到听觉中枢，听觉中枢感知到文字信息的声音之后再传输到记忆中枢——左脑，进行意义的记忆。

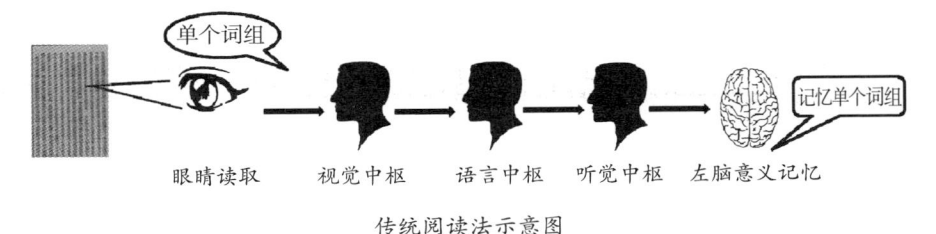

眼睛读取　视觉中枢　语言中枢　听觉中枢　左脑意义记忆

传统阅读法示意图

这个过程由于是一个自己读给自己听的过程，所以也叫做默读。默读是一个"读"书的过程，而不是一个真正的"阅读吸收"的过程。因此，很多人在"读"完一整本文字资料或者书之后，能记住30%的内容就已经很不错了，有些人甚至连10%都记不住，更有甚者，看了后面忘了前面，一本书"读"完之后，连基本的中心思想都无法复述。

而在全脑快速阅读法中，采用的是"眼脑直映"的方式阅读，书面上的文字信息由于光的作用直接对眼睛产生刺激之后，将产生的整体文字图像直接传输到右脑以图像的方式进行记忆，然后再经由左脑对图像进行解析，进而进行意义的辨识。

全脑快速阅读法示意图

在这个过程中，左右脑的功能都被高效地利用起来。全脑快速阅读法对文字的处理就如同一部超级照相机，先将书本文字信息统统"照"进大脑里面，然后再清晰地辨识每一个文字。这样"眼脑直映"的阅读方式打破了传统的逐字逐句的阅读方式，省略了语言中枢和听觉中枢这两个最容易对阅读效果产生干扰的中间环节，让文字图像直接映入右脑的记忆中枢进行记忆，然后通过左右脑的协调处理，进行文字信息的还原，是一种快速阅读内容并完整吸收的阅读方式。采用这种全脑快速阅读法，不但可以综合地开发智力，还能迅速地提高记忆力。因为在采取全脑快速阅读法的时候，阅读和记忆相辅相成，如果没有记忆给全脑快速阅读做保证，全脑快速阅读的效果就无从体现，更得不到巩固了；同样，如果没有快速阅读，记忆也就很难发挥效力了。

画重点

⊕ 左右脑分别承担不同的思维功能。
⊕ 快速阅读法中使用的是"眼脑直映"的方式。
⊕ 采取全脑快速阅读法的时候，阅读和记忆相辅相成。

第一章
改变一生的阅读方法

第六节　阅读能力检测公式

了解了这么多关于全脑快速阅读的知识，你是否迫不及待地想要体验一下全脑快速阅读的神奇呢？但在此之前，还有一个最关键的要点，就是如何让自己的全脑阅读能力完美地体现。

在很多人看来，全脑阅读的能力最终体现在一个"快"字上面，这是一个片面的说法，甚至可以说是错误的观念。如果我们在全脑阅读训练的过程中只是为了"快"而忽略了对阅读内容的记忆和理解，那这不叫全脑快速阅读。

现在被阅读学家们公认的全脑阅读能力的效果需要四个方面来具体体现，一为阅读速度，二为阅读理解率，三为记忆效果，四为阅读效率。但在实际训练中，却很难明确地区分阅读理解率和记忆效果，因此在进行全脑快速阅读自我训练的时候，阅读理解率和记忆效果可以合二为一，统称为"理解记忆率"。这样，测试自己的阅读能力的指标就可以简化为三个方面：阅读速度、理解记忆率和阅读效率。

阅读速度

阅读速度用来衡量一个人在一个单位时间里阅读的信息量，一般用每分钟内阅读的字数来表示。为了让大家能够清楚地计算出自己的阅读速度，我们可以用以下公式来表示：

$$阅读速度（每分钟的字数）= \frac{资料总字数 \times 60（秒）}{你阅读用的时间（单位：秒）}$$

值得注意的是：根据上述公式得出的阅读速度只能体现出我们在不间断阅读的情况下得到的一个平均参考结果。这个结果可以方便我们在进行全脑快速阅读训练的时候，控制和提高自己的训练进度，检查自己的进步轨迹。

理解记忆率

在全脑快速阅读训练中，阅读速度和阅读理解率是既对立又统一的矛盾体，正是因为有这样的关系，才让我们的阅读变得有意义。全脑快速阅读是记忆和理解相结合的阅读，既要追求速度，又要追求对文字资料的理解，如果只是单纯地追求速度，这样的阅读是没有任何意义可言的。一般来讲，对一篇文章或者一本书的内容，正常的理解记忆率应当在70%以上，因为70%以上的理解记忆率就能达到对一篇资料或者文章、书本的内容全面理解的程度。在刚进行全脑快速阅读训练的时候，为了清楚地了解自己对所阅读信息的辨识程度，我们可以利用下面这个公式来计算：

$$理解记忆率 = \frac{你的答题总得分}{所有问题总分} \times 100\%$$

阅读效率

通过前面两个公式的测试，相信我们已经清晰地知道了自己的阅读速度和理解记忆率了，但这还不够，我们还必须了解自己的阅读效率。阅读效率是指在单位时间里阅读信息和资料过后掌握的有效信息量。这个有效的信息量指的是在阅读中获取的有用信息，并对信息和资料进行了积极的富有创造性的理解，进而能够运用自己的语言将原文的内容进行复述。为了衡量阅读效率，我们可以运用以下这个公式来进行计算：

$$阅读效率 = 阅读速度（每分钟的字数） \times 理解记忆率$$

以上这三个公式，是我们在进行全脑快速阅读训练的时候经常使用的工具，这种工具会让我们一步一步地掌握自己的成长轨迹。在训练中，我

第一章

改变一生的阅读方法

们力求做到阅读速度和理解记忆率保持平衡，当阅读速度和理解记忆率出现偏差的时候，就必须根据后面的训练方法进行恰当的调整。在全脑阅读训练的初级阶段，我们应当把阅读速度作为主要的突破口，当阅读速度提升之后，再逐渐训练大脑对信息资料的理解和记忆效果，三者结合，然后按照本书讲解的步骤，循序渐进，不急不躁，一步一步地训练出自己的全脑快速阅读能力。

画 重 点

⊕为了"快"而忽略了对阅读内容的记忆和理解就不叫全脑快速阅读。

⊕检测阅读能力的指标可以简化为三个方面：阅读速度、理解记忆率和阅读效率。

⊕在全脑阅读训练的初级阶段，我们应当把阅读速度作为主要的突破口。

第七节　初测你的阅读力

好了，为了体现出你的进步程度，在还没有开始阅读本书后面的内容时，你必须对自己的阅读速度、理解记忆率和阅读效率有一个清晰的了解，只有这样，你才会有充足的行动力完成后面的训练。请运用传统阅读方法，对下面这篇短文进行阅读，阅读完成后请记录下你用的阅读时间，然后开始回答短文后的问题，在文中找出正确答案，并根据上面的三个公式分别计算出自己的阅读速度、理解记忆率和阅读效率。

用时(秒)	得分	阅读速度	阅读效率

贪心的紫罗兰

在一座孤零零的花园里，有一株紫罗兰，花瓣艳丽，芳香四溢，幸福愉快地生活在同伴当中，得意扬扬地在群芳之间左右摇动。

一天早晨，紫罗兰戴着露珠桂冠，抬眼环望四周，看到一朵玫瑰花，躯干苗条，翘首天空，恰似一柄火炬，插在宝石灯上。

紫罗兰咧着她那蓝色的嘴唇，叹息道："唉，在群芳当中，我最不走运；在百卉之中，我地位最低！大自然把我造就得如此低矮渺小，我只配伏在地上生存，不能像玫瑰那样，枝插蓝天，面朝太阳。"

玫瑰花听到邻居紫罗兰的哀叹声，笑着摇了摇头，然后说："百花

第一章
改变一生的阅读方法

群里，你最糊涂。你真是身在福中不知福啊！大自然赋予你芳香、文雅和美貌，这都是别的花草所没有的。你还是赶快打消你那些奇异念头和有害想法吧！满足于天赐予你的福气吧！你要知道：虚怀若谷者，地位无比高尚；反之，永远贫困饥荒。"

紫罗兰答道："玫瑰花，你之所以这样安慰我，因为你已得到了我想得到的一切；你之所以用格言来掩饰我的低下地位，因为你伟大高尚。在倒霉者的心中，幸运儿的劝诫是何等苦涩；在弱者面前慷慨陈词的强者，何其冷若冰霜！"

大自然听了玫瑰花与紫罗兰之间的对话，禁不住打了个寒战，继之提高嗓门，说："紫罗兰，我的女儿，你怎么啦？我了解你，你朴实无华，温文尔雅。莫非贪欲缠住了你的心，或者虚荣占据了你的心？"

紫罗兰乞怜道："力大恩深的母亲，我谨向您倾诉我心中的恳求和希冀，万望您答应我的要求：让我变成一株玫瑰，哪怕只有一天。"

大自然说："你不晓得你的要求意味着什么。你不知道华美外观后所隐藏的巨大灾难。倘若你的身躯变高，外貌改变，成为一株玫瑰，恐怕到时……"

紫罗兰苦苦哀求："改改我的外貌吧！让我变成一株身材高大、昂首蓝天的玫瑰花……到那时，不管怎样，我的愿望总算实现了。"

大自然无奈："叛逆的傻瓜，我答应你的要求！倘若遇到灾祸，你只能抱怨自己呆傻。"

大自然伸出她那无形的魔手，轻轻触动紫罗兰的根部，一株高出群芳之首、色彩斑斓夺目的玫瑰花，顿时出现了。

那天傍晚，天色突变，乌云急聚，狂风骤起，撕破世间沉寂，电闪雷鸣，急风暴雨一起向花园袭来。刹那之间，万木枝条尽折，百花躯干弯曲，枝长杆高的花木被连根拔掉，幸免者只有伏在地面上、隐身石缝间的矮木小草。与此同时，那座孤零零的花园也遭受到了其他花园所经历的浩劫和冲击，而且有过之而无不及。

风暴未息，乌云未消，已见园中花落满地。风停云散，只有隐蔽在墙根下的紫罗兰安然无恙。

一位紫罗兰少女抬起头来，望着园中花木败落的惨状，得意地笑了。她当即呼唤同伴："姐妹们，快来看哪！看看风暴是怎样对待那些盛气凌人的高大花木的吧！"

另一位紫罗兰姑娘说："我们低矮，匍匐在地面上，但经过暴风骤雨，我们安然无恙。"

第三位紫罗兰姑娘说："我们的体躯虽然微小，但风雨没把我们压倒。"

就在这时，紫罗兰王后走了出来。她发现昨天还是紫罗兰的那株玫瑰就在自己身边，只见它已被暴风连根拔掉，叶子散落在地上，仿佛身中万箭，被风神抛到了湿漉漉的草丛之间。

紫罗兰王后挺起腰杆，舒展叶片，大声呼唤："女儿们，你们仔细看看！这棵紫罗兰为贪欲所怂恿，变成一株玫瑰，挺拔一时，不久就被抛入了万丈深渊，但愿这能成为你们的明鉴。"

那株玫瑰战栗着，用尽全身力气，上气不接下气地说："知足安分的傻姐妹们，听我对你们说：昨天，我像你们一样，端坐绿叶中间，满足于天赐之福。知足是一个难以逾越的障碍，将我与生活的风暴隔离开来，使我心地坦然，无忧无虑，无难无灾。我本来可以像你们一样，静静地匍匐在地面上，冬来以雪花裹身，没有弄明白大自然的秘密，便与同伴一起步入死一般的沉寂。我本来可以避开那令人贪婪的事情，弃绝那些超越我自身天性的东西，可是，我在静夜里，听上天对人间说：'存在的目的，在于追求存在以外的东西。'于是，我背弃了我的灵魂，一心想得到我不应得到的东西。正是这种贪欲，使背弃心理变成一种巨大力量，使我的内心

第一章

改变一生的阅读方法

渴望变成了异想天开的幻想，于是，我要求大自然——大自然不过是我们内心梦想的外观——将我变成一株玫瑰花。大自然常用她的偏爱与渴望改变自己的形象。"

玫瑰花沉默片刻，又自鸣得意地说："我当了一个小时的皇后。我用玫瑰花的眼睛观看了宇宙，用玫瑰花的耳朵听到大苍窃窃私语，用玫瑰花的叶子感触了光明。诸位当中，谁能得到我这份光荣？"

而后，玫瑰花的脖子弯下去了，用近乎喘息的声音说："我就要死去了。我心中有一种特殊的感触，这是以前的紫罗兰我不曾有过的。我就要死去了，我终于了解到自己生活的天地之外的一些事情，这就是生活的目的，这就是隐藏在昼夜间发生的偶然事件背后的真正实质。"

玫瑰花合上叶子，浑身一抖，便死去了。此时此刻，她的脸上绽现出神圣的微笑——愿望实现后的微笑——胜利的微笑——上帝的微笑。

（本文来源于网络，约1900字）

请回答下面的问题：（答对一题得10分，未答对不得分）

1. 紫罗兰戴着露珠桂冠，抬眼环望四周，看到一朵玫瑰花，躯干苗条，翘首天空，恰似_____，插在宝石灯上？

2. 玫瑰花听到邻居_____的哀叹声，笑着摇了摇头？

3. _____地位无比高尚；反之，永远贫困饥荒。

4. 大自然听了_____之间的对话，禁不住打了个寒战。

5. 紫罗兰乞求母亲要变成_____。

6. 大自然伸出她那无形的_____，轻轻触动紫罗兰的根部。

7. 就在这时，_____走了出来。

8. 静夜里，玫瑰花听上天对人间说："存在的目的，_____。"

9. 玫瑰花当了_____的皇后。

10. 玫瑰花最后浑身一抖，便_____。

现在对照后面的正确答案，分别计算出自己的得分吧。怎么样？你对这三项的得分不是很满意吧，没有关系，跟着后面的步骤脚踏实地地训练吧，30天过后，你将看见你自己的成长和进步，加油！

参考答案

1. 一柄火炬　2. 紫罗兰　3. 虚怀若谷者　4. 玫瑰花与紫罗兰

5. 玫瑰花　6. 魔手　7. 紫罗兰王后　8. 在于追求存在以外的东西

9. 一个小时　10. 死去了

第二章

集中自己的注意力

第二章

集 中 自 己 的 注 意 力

第一节　快速阅读需要高度集中注意力

我们生活在一个丰富多彩的世界，每天早上只要我们一睁开眼睛，各种有声资讯就会蜂拥而至，充盈我们的耳朵，一打开电脑，就会有成千上万的文字及图像资讯映入我们的眼帘。这些资讯不断地刺激我们的感官，妨碍大脑皮层优势兴奋中心的形成和稳定，从而快速分散我们的注意力，让我们无法对某一事物进行特定而清楚、深入的焦点化。这里说的焦点化就是注意力的本质，我们常说的"一心不可二用"也就是这个道理。一个人只要能做到专心致志、心无杂念地集中精神去做某件事情或者观察事物，大脑通常都会释放出无法想象的潜能。

而在我们中国很早就有关于注意力的寓言故事——《学弈》。这个寓言讲的是两人在同一时期向一位当时的围棋高手奕秋学习围棋，有一个人专心致志、集中精神认真听奕秋的讲解，老师怎么教，他就怎么做；另一个人呢，一心二用，虽然是坐在那里听奕秋的讲解，但脑袋里面却还想着天上飞过的鸿雁，思索着怎样弯弓搭箭把那些鸿雁全部射下来。经过一段时间的学习，两人的棋技就有天壤之别了。

所以，在全脑快速阅读训练中，注意力必须高度集中，这样才能让大脑对书本上的信息进行快速的接收、编码、储存以及反馈。在全脑快速阅读的过程中，由于注意力的聚焦，大脑不再被动地吸收信息，而是以一种更加积极、更加主动的方式把书本中的信息及资讯和我们已有的知识和经验相结合，从而产生新的信息组合、启示、顿悟和发现，由此产生出书本内容的知识框架。

在这一过程中，大脑的思维活动也会异常活跃和敏捷，大脑皮层的某一区域会因为书本上这些信息和资讯的刺激而处于一种兴奋状态，而其他的区域因为没有受到书本以外信息和资讯的刺激和干扰则处于抑制状态，这样就让我们在阅读书籍的时候达到专心致志的忘我状态，当然就能加深对书本内容的理解和记忆，而良好的理解和记忆效果反过来又会强化阅读的兴趣，这样就形成一个良性循环——注意力集中，阅读速度快，理解和记忆效果好，阅读的兴趣浓；阅读的兴趣越浓，理解和记忆效果就越好，阅读速度就越快，注意力就越集中，把全脑快速阅读的优势淋漓尽致地展现。

话虽如此，但在我们没有经过注意力提升训练的时候，很难长时间地保持注意力的高度集中。经过心理学家的大量研究，现在已经证实发现，任何有意识的注意力集中一般都不会超过20分钟。很多老师听我讲到这里就恍然大悟了，终于明白自己课堂上的学生前20分钟基本上都能做到聚精会神，后25分钟就开始游离于老师讲课之外的原因了。但如果能在学生们开始走神的时候，穿插一些放松活动或者轻松的话题，那么他们的注意力就可以维持几个小时之久了。讲到这里如果你还不明白的话，我再举个例子说明一下：我们去听一些纯学术性的讲座，前面20分钟绝对不会有人睡觉，20分钟过后就不一定了，但是如果你到外面去听激励性的演讲，听一天下来还精神抖擞，为什么呢？纯学术性的讲座几乎都是严肃而呆板的，整个会场鸦雀无声，你会发现时间过得好慢，而外面的激励性演讲则活泼生动得多，又唱又跳连带着做活动，把你的注意力完全聚焦在台上的讲师身上，你会发现时间过得好快，一转眼，一天时间就过去了。这两者之间的区别，不用我说你也应该知道了。

苏联教育家乌申斯基说："注意是一扇门，凡是从外界进入心灵的东

第二章

集 中 自 己 的 注 意 力

西，都要通过它。"因此，如果想要实现全脑快速阅读，我们就需要把注意力这扇大门开得越大越好，这样我们学习累积的知识就越多，对自己未来的发展就越有帮助。现在我们就要对注意力进行有针对性的提升训练，这些训练非常实用，每天花点时间，坚持把练习做完，21天后，你就会看到非常明显的效果。

画 重 点

⊕注意力聚焦，大脑就不再被动地吸收信息，而是以一种更加积极、更加主动的方式把书本中的信息及资讯和我们已有的知识和经验相结合，从而产生新的信息组合、启示、顿悟和发现。

⊕没有经过注意力提升的训练，很难长时间地保持注意力的高度集中。

⊕任何有意识的注意力集中一般都不会超过20分钟。

第二节　固点凝视法

固点凝视法是全脑快速阅读训练中最基础的注意力提升方法，它能让我们的视觉集中能力最大限度地发挥出来，最大限度地提升我们的注意力。

有这样一个纪昌学箭的故事：古时候，有个年轻人名叫纪昌，他想拜著名的射箭手飞卫为师，学习射箭。飞卫对他说："你先回去练习不眨眼睛的功夫，再来跟我学射箭吧！"纪昌听了飞卫的话，回到家里，练习不眨眼睛的功夫。他天天在妻子的织布机前看梭子来回运动。一晃两年过去了，纪昌来到飞卫面前说："用针尖在我眼前晃动我都不眨一下眼睛。"飞卫说："仅仅不眨眼睛还不行，你回去继续练习，把小东西看成大东西，然后再来我这里学习射箭吧！你只要下苦功，一定会成功的。"纪昌听了飞卫的话，回到家里用牛毛系住一个小昆虫，整天不停地看着。一晃四年过去了，他已经能把昆虫看成车轮一样大了。于是他拿来弓箭，搭弓射箭，一箭正中小昆虫，牛毛丝毫未断。这个故事讲的就是用固点凝视法来提升注意力。那么我们怎么样来进行固点凝视训练呢？

1. 我们要用一张无折痕的白纸，用黑色的笔或者直接用打印机在白纸的中心画一个直径2cm大小的圆点（如下图所示）。

固点凝视法需要在白纸中间画的图形

第二章
集中自己的注意力

2. 找一个让自己坐着舒服的姿势，让自己全身的肌肉自然放松，嘴巴轻轻合上，自由地呼气和吸气，两眼睁大，双手举起白纸和眼睛平行，让黑点和眼睛相隔30cm左右。

3. 双眼把黑点看清楚，凝视白纸上的黑点2分钟，尽量不要眨眼睛。

4. 时间到了以后，两眼迅速望着白色的墙壁，看看墙壁上是否会出现一个白色的圆点，如果出现，让白色的圆点在墙壁上保持的时间越久越好；如果没有出现白色的圆点或者出现的时间只有短短几秒钟的话，请你务必每天坚持重复以上的步骤进行训练。

5. 每天早、中、晚各训练一次，大约经过一周的训练后，你就能把白色的圆点保持3~4分钟，这时候，你的注意力就有了很大的提升，如果希望效果更好，请继续坚持练习。

6. 如果在注视黑点的时候，黑点中出现了模糊的白光，则说明你的注意力已经松懈了，这时候你必须闭上眼睛深呼吸，放松心情，重新集中注意力，恢复原来的视觉意识，黑点也会自然恢复原状。这点非常重要，如果你没有及时进行调整和控制，这个训练是起不到任何提升作用的。因为在全脑快速阅读的训练中，对注意力的集中度要求比记忆力提升训练课程中对注意力集中度的要求要高得多。

画 重 点

⊕ 固点凝视法是全脑快速阅读训练中最基础的注意力提升方法。

⊕ 纪昌学箭讲的就是用固点凝视法来提升注意力。

⊕ 快速阅读的训练对注意力的集中度要求比记忆力提升训练课程中对注意力集中度的要求要高得多。

第三节　舒尔特方格法

　　舒尔特方格法是全世界范围内公认的最简单、最有效也是最科学的注意力训练方法。舒尔特方格（Schulte Grid）的制作非常简单，就是在一张方形卡片上画上 1cm × 1cm 的 25个方格，格子内任意填写上1个阿拉伯数字。

　　但在快速阅读课程的训练中，也可以把格子内的数字改成文字。测试时，要求被测者用手指按1~25的顺序依次指出其位置，同时朗读出声，施测者在一旁记录被测者所用时间。数完方格中25个数字所用时间越短，注意力水平就越高。因为在寻找目标数字或者文字时，注意力是需要高度集中的，把这短暂的高强度的集中精力过程反复练习，大脑的集中注意力功能就会不断地加固、提高。正因为良好的效果，舒尔特方格被广泛应用于飞行员和航天员的训练中。

　　如何检测舒尔特方格法的成绩呢？以12~14岁年龄组为例，读完25个数字在16秒以下为优良，学习成绩应是名列前茅，26秒以下属于中等水平，在班级排名会在中游或偏下，36秒则问题较大，测验会呈现不合格现象。成年人最好可达到8秒的程度，20秒为中等程度，30秒则问题较大。请看下面的舒尔特25格表：

第二章

集 中 自 己 的 注 意 力

4	19	16	21	5
1	14	23	11	18
8	15	9	24	12
6	2	22	7	10
13	17	25	20	3

舒尔特25格表

不过在这里我也要告诉大家，刚练习开始，达不到标准是非常正常的，切莫急躁，应该从舒尔特25格表开始练起。感觉熟练或比较轻松达到要求之后，再逐渐增加难度，千万不要因急于求成而使学习热情受挫。

经过一段时间的练习，视野较宽、注意力参数提高较快的读者，为了避免反复用相同的表产生记忆，自己就可以增加难度制作新的舒尔特表，规格大致为边长20cm的正方形，1套制作10张表。可以从25格开始，待到25格已经不能满足自己的学习要求时，可以继续提高练习的难度，制作36格、49格、64格、81格的表，同时还可以把表格中的数字换成汉字或者字母，但刚开始时候的汉字不宜太难。如下图所示：

23	12	25	3	29	36
16	32	18	15	4	1
17	13	34	11	7	30
31	24	9	28	27	14
5	2	33	10	8	22
6	26	21	19	35	20

一	戌	丙	子	未	乙
巳	五	辛	九	上	午
亥	壬	七	酉	戊	三
己	卯	甲	十	丑	中
火	二	下	庚	申	四
六	寅	丁	八	癸	辰

舒尔特36数字表格　　　　　　　**舒尔特36文字表格**

"全想脑力提升书系"
快速阅读

A	F	C	N	W
P	Y	Q	I	O
H	K	G	R	E
X	T	M	U	L
B	V	J	D	S

舒尔特25字母表格

4	43	26	27	28	35	36
17	42	29	31	8	12	33
10	47	6	14	44	30	9
7	49	25	18	46	5	48
41	16	21	20	40	22	1
37	13	23	19	11	24	39
34	45	38	15	32	3	2

舒尔特49数字表格

在练习舒尔特方格法的时候，千万不要急于求成，一定要遵循下面的方法：

1. 保持腹式呼吸，眼睛距离表格30～35cm，视点自然放在表的中心。

2. 在所有字符全部清晰入目的前提下，按顺序找到1～25，A～Y，汉字应先熟悉原文顺序后找全所有，注意不要顾此失彼，因找一个字符而对其他字符视而不见。

3. 每看完一个表，眼睛稍做休息，或闭目，或做眼保健操，不要过分疲劳，以免给眼睛带来损伤。

4. 练习初期不考虑记忆因素，每天看10个表就好，循序渐进地增加难度。

只要按照以上的步骤坚持运用舒尔特方格法一段时间后，你就会感到注意力水平，包括注意的稳定性、转移速度和广度都有很明显的进步。练习的时间越长，看表所需的时间会越短，同时，随着练习的不断深入，随着眼球末梢视觉能力提高，你可以加快阅读表格中数字及文字的速度，锻炼眼睛快速认读能力，为我们在后面章节中进行视幅拓展训练打下了一个良好的基础。

第二章

集中自己的注意力

画重点

⊕舒尔特方格法是最简单、最有效也是最科学的注意力训练方法。

⊕因为良好的效果,舒尔特方格被广泛应用于飞行员和航天员的训练中。

⊕可以通过增加格子数量或者数字换成汉字、字母的方式增加舒尔特方格法的难度。

第四节　五分钟静坐冥想法

静坐冥想法，是在意识十分清醒的状态下停止意识对外的一切活动，达到"忘我"的一种快速提升注意力的心灵净化体操。

静坐冥想从古至今都广受人们的欢迎，在中国古代道家养身气功以及佛家的修禅中普遍采用。在现代，很多瑜伽爱好者也非常偏爱这种方法。一般5分钟的冥想就可以让大脑清新、心旷神怡、心平气和，我们也把静坐冥想叫做"净心浴"。

静坐冥想可以让一个情绪焦躁的人平静下来，自发而有意识地让周围一些细微的声音或者α波音乐传到右脑，这样他的脑波自然会转成脑动力波。当脑波呈现为脑动力波（特别是中间脑动力α波）时，会让一个人的注意力大幅度地稳定提升，这就映照了一个词语：宁静致远。当你的注意力保持稳定时，你的意识也同样会保持稳定，不会被那些突然闯入感知空间的各种事物牵引或者劫持，能稳稳地定住，不会动摇。同时想象力、创造力以及灵感就会源源不断地涌出，并产生一种轻松愉悦的感觉。因此，通过正确的静坐冥想强化自己对注意力的控制能力是优化和重塑大脑与意识的最佳方法。

要学会静坐冥想其实很简单，你既无须念念有词，也无须像那些武林高手们练功一样气沉丹田或者打莲花坐。假如你曾参加过祈祷，或曾长时间凝视某种东西（例如篝火或大海），你大概已经懂得冥想的窍门了。如果你没有以上经历，只要按照下面的步骤进行练习，也很快就能掌握。

第二章
集中自己的注意力

1. 选一个让自己舒服的姿势坐好,传统的姿势是席地盘腿而坐,两手自然交叉放在胸前。假如觉得这样坐不舒服,还有许多其他姿势,比如坐在自己的腿肚子上或直背椅子上等。

2. 挺直脊背,可以想象自己的头被一根绑在天花板上的绳子吊着。

3. 闭上双眼,用鼻子深深且缓慢地吸气,让肺部充满空气,腹部和整个胸腔因而扩张,屏息4秒钟或更久,让自己享受这种吸入新鲜空气的感觉,然后用鼻子或嘴缓缓呼气,到接近呼完就把腹肌收缩,将腹部所有气体排空。当吐气时,你会感觉释放出了所有的忧虑、挂念、紧绷的情绪和压力。

4. 冥想自己心灵深处有一汪蓝色的湖泊。湖泊平静得不仅没有波澜,甚至没有一丝涟漪。湖泊的岸边,长满了花草树木,花草树木的影子倒映在湖泊里,历历在目,色彩斑斓,十分清晰。然后再想象一朵朵美丽的牡丹花的影子在心灵湖泊上倒映出来,粉红的花瓣,细嫩的花蕊上点缀着金黄色的花粉。想得越逼真、越细致,心情便越沉静,注意力就会越来越好。或者也可以试着把周围的声音和冥想结合起来。比如听到钟表嘀嗒嘀嗒的声音,可以把这声音想成雨水滴在心灵湖泊上发出的声音,每滴一下,湖泊上便溅起一丝涟漪。你还可以一边倾听,一边数着这雨滴的数量,1,2,3,4,5……当数到100多下的时候,睁开双眼,你会觉得心情异常平静,通体舒畅,注意力特别集中。

每天这样冥想两次,每次两三分钟,能有效控制精神涣散,收拢浮躁的心。经常这样训练,形成习惯后,注意力会越来越好。

"全想脑力提升书系"

快速阅读

画重点

⊕ 静坐冥想法是一种快速提升注意力的心灵净化体操。

⊕ 按照步骤进行练习,很快就能掌握静坐冥想法。

⊕ 每天冥想两次,每次两三分钟,能有效控制精神涣散,让注意力会越来越好。

第二章
集中自己的注意力

第五节　颜色图卡训练法

颜色图卡是用红、黄、蓝、绿、黑等颜色绘制成的图形卡片，凝视这些卡片能够激活右脑，培养右脑的想象力，从而提升注意力。每天连续花上30分钟进行训练，就会逐渐打开我们大脑的回路功能，让我们能够随心所欲地看到自己希望看到的心像（这个心像也叫做内视觉能力）。因此，在全脑快速阅读训练中，我们经常采用黄卡、三色卡、黑白图形卡以及曼陀罗卡片进行残像训练和原像训练。

先从黄卡开始训练。黄卡训练是颜色图卡训练的第一阶段。黄卡是由中心的蓝点和周围的橙黄色组成的。我们眼睛的锥状细胞对黄、蓝、红、绿四种颜色最为敏感，所以，黄卡的蓝色和黄色可以非常直接刺激锥状细胞，从而轻易地让我们在闭上眼睛之后看到互补色。黄和蓝是互补的颜色，红和绿也是互补的颜色。

就黄卡训练而言，一般都要经历一个"五能"阶段：能够看到黄卡的互补色（也就是中心的蓝色圆点变成黄色，周围的黄色变成蓝色）；能够看到黄卡的原色；能够有意识地改变出现残像的颜色和形状；能够自然地产生心像；能够随心所欲地看到自己希望看到的心像。

具体的操作方法是：将黄卡放在距离眼睛30~40cm的地方，开始凝视黄卡，这时请尽量不要眨眼，凝神30秒至1分钟，然后盯着白色的墙壁或者闭上眼睛，眼前出现残像，等残像消失后，揉揉眼睛，再凝神30秒后迅速翻转卡片，将视线移到一张白色残像卡上，这时会在纸片上看到残像。开始时残像维持20~30秒就消失了。

　　随着训练次数的增多，残像保持的时间可以延长至七八十秒，有的人甚至可以维持3~4分钟。为了提升训练效果，在刚开始训练的时候应尽可能地将残像维持在眼前或者脑海中。随着训练效果不断强化，看到的残像会发生如下变化：起初，白色的墙壁或者脑海中出现的是像一张蓝色纸上出现黄色圆形的补色。如果再不断进行黄卡残像训练，残像留存的时间就会越来越长，看到的将不再是补色，而是原色。但在训练的过程中，也有一些例外的情况发生，有些人，尤其是8~12岁的青少年，可以在一开始训练的时候就能够看到原色，这是因为他们受外界的干扰比较小，注意力的集中度比很多成年学员要高得多，想象力非常强，大脑的成像能力就比一部分成年学员要好得多。

　　只要你在训练中，看到的残像是原来的颜色，此时你描绘想象图像的力量就已经被激活了。即使不看黄卡，也能够按照自己的意志自由地看到想看的彩色圆形，所以要坚持训练，不要半途而废。在下一阶段中，将能够自由改变最初出现残像的颜色和形状。蓝色变黄色，形状也可以从圆形变成方形、椭圆形、八角形、四边形等你期待出现的图像。如果再进一步加强的话，你只需要闭上眼睛启动意识，就能够自发地看到各种各样的图像，也就是说，如果想让自己也出现在想象图像中，那也是能够轻易实现的。这个时候就可以进行颜色图卡的三色卡练习了。

　　三色卡练习：三色卡就是红、黄、蓝三种颜色的卡片，每一张卡片都只有一种单一的颜色，这是颜色残像训练最好的载体。首先从红色卡片开始练习。全身自然放松，保持腹式呼吸，把红色卡片垂直竖立，摆放在和眼睛平行的30~40cm的地方，凝视红色卡片1分钟左右的时间，然后迅速盯着面前白色的光滑墙壁，让残像停留在墙面上，如果训练的地方没有白色的墙壁，你也可以闭上眼睛，让残像停留在额头前方，当眼前的残像消失

第二章

集中自己的注意力

之后，再睁开眼睛继续凝视卡片。凝视卡片时，精神会自然而然地集中，这时脑波就变成了α波状态，而这种大脑状态正是可以自然进入想象的状态。刚开始训练时，也许眼睛一闭上残像就立刻消失了，此时千万不要放弃。重复若干次之后，残像在眼前留存的时间就会20秒、30秒地逐渐延长。接下来，不用再凝视红色卡片了，在练习的时候，只需闭上眼睛，想象红色，直到眼前出现红色卡片为止。

红色卡片练习完毕后是黄色卡片，然后是蓝色卡片，步骤跟红色卡一样，你需要至少有两个星期尽可能每天抽出20~30分钟的时间来反复做这个练习。当三色卡的颜色能够变成想象的颜色之后，接下来就要进行黑白图形卡残像训练了。

黑白图形卡训练：黑白图形卡有三种，分别为圆形、三角形和菱形。黑白图形卡的制作非常简单，只需要用三张挺括的白色铜版纸打印出上面三种图形即可。黑白图形卡的训练一般先从圆形开始。先找一个光线明亮的地方，保持心情平静，放轻松，深呼吸，然后用双手举起卡片，与眼睛平行相隔30~40cm，凝视卡片1分钟左右，然后迅速移开眼睛，看着白色的墙壁或者天花板，这样就能够很清楚地在墙壁或者天花板上看见一个白色的圆圈，这个圆圈就是我们看到的残像。如果条件限制，没有白色的墙壁或者天花板，你也可以闭上眼睛，把注意力集中在额头这个地方，也是可以看见一个白色的圆圈的。有些人暂时看不见，或者这个白色的残像一闪而过，保持的时间很短，没关系，你只需要每天抽出30分钟的时间反复练习，一般15天左右就能够轻易地看到圆形、三角形和菱形等残像。这时候还可以利用你身边一切可利用的具体物体，比如鼠标、黑色的笔等具体物体来做残像训练。坚持1个月以后，你就会发现，你的注意力有了很大的提升，当然，在这个过程中，你的想象力也得到了自由的发挥，一举两得。

最后一步就是曼陀罗卡的训练了。曼陀罗卡有很多，每一张卡片都有一个至少三种颜色的图形和一个只用黑色线条勾出同样图形的轮廓。它的练习是从简单的图形开始，慢慢增加难度，越到后面越难。对于初学者来说，必须把第一个简单的练习做好了再进行下一个练习。心急吃不了热豆腐，很多人在这个步骤的时候由于心态的原因，急于求成，反而适得其反，最后导致自己越来越没有信心。

在做曼陀罗卡练习的时候一定要找一个安静明亮的地方，保持心情平静，深呼吸，然后用双手举起卡片，与眼睛平行相隔30~40cm，凝视卡片，在凝视的过程中尽量减少眨眼的次数，过1分钟左右，当图片变得仅有轮廓图案的时候，就迅速把眼睛移开，开始盯着下面的轮廓卡，让形成的残像和轮廓卡重合，残像保持的时间越久越好。但在这个时候一定要注意一点，那就是残像相对于眼睛来说是固定的，如果你的眼睛不动的话，残像也是可以不动的。但只要你的眼睛稍微移动，那残像就会跟着移动，所以在残像和轮廓卡重合的时候，残像有可能会消失，这个时候，千万不要放弃，你可以闭上眼睛，在脑海里面栩栩如生地再现曼陀罗卡的颜色和形状，然后再睁开眼睛，和轮廓卡重合。这个时候的残像，一般停留的时间是20~30秒。尤其需要注意的一个要点是：残像是看出来的，不是想象出来的。

当我们每天运用上面的方法把注意力高度集中起来之后，你会发现，这时你在阅读书本的时候，不但会全神贯注、聚精会神，而且还会节约很多时间。这是因为集中起来的注意力在阅读的时候起到了特别重要的作用，它把外界对你在阅读的时候的干扰全部都抑制住了。

第二章

集中自己的注意力

画重点

⊕黄卡训练是颜色图卡训练的第一阶段,一般都要经历"五能"阶段。

⊕三色卡就是红、黄、蓝三种颜色的卡片,是颜色残像训练最好的载体。

⊕曼陀罗卡的训练需要注意的是:残像是看出来的,不是通过想象出来的。

第六节　运用集中起来的注意力

如果想要真正地学会全脑快速阅读，还必须学会如何在阅读书本的时候运用集中起来的注意力。那到底该如何运用呢？根据多年的教学实践，我总结了以下两点：

自觉地分配注意力

注意力的分配，尤其是自觉的分配，对于阅读的效率有非常重要的作用。注意力的分配取决于两个方面的因素。

一是要先划定分配注意力的资料或者事物。针对这点，在每一期全脑快速阅读课程刚开始上课时，我都会对学员们做一个测试，这个测试是这样的：要求学员读授课PPT教案上的20组陌生的文字词语及单词，这些陌生的文字词语及单词只有一部分被我用彩色做了画线，学员们在朗读的时候需要重点阅读2~3遍画了线的文字，其他没有画线的只读一遍，整篇文章读完后，闭上眼睛，请说出刚才那些没有画线的文字及单词。最后的结果显示，几乎没有一个人能把没有画线部分的资料全部回答正确，但如果问画线部分的资料，有90%以上的人都能回答正确，甚至还有学员可以说出每个资料的位置。通过这个实验，我们就可以得出结论——只要划定好资料，当一个人不断地把注意力集中在陌生的事物或者资料上一段时间后，就会对陌生的资料和事物越来越熟悉，熟悉了以后，对分配后资料的辨析度就越高。

二是当我们的视觉、听觉、嗅觉、味觉和触觉被调动起来以后，这五

第二章
集中自己的注意力

种感官中某一种感官对神经系统（包括大脑）的刺激越大，这种感官所分配的注意力就越强。举例来说，你拿着一个红彤彤的苹果一口咬下去，你一定只会感受到你的味觉，如果恰巧吃到了一口味道很酸的苹果，你的体会就更强烈了。因为你的舌头只要一尝到酸的味道，你此时的注意力必定是全部分配给了味觉，其他的感官就被忽略了，甚至一点儿也不会去注意它们。

自如地转移注意力

自如地转移注意力是全脑快速阅读中非常关键的能力。在教学中，我发现很多学员在阅读训练的时候速度总是提不上去，或者说阅读速度提上去了，但阅读的效率不高，看过文章或者资料后一点印象都没有，原因就出在这里。

通常来讲，自如地转移注意力不是很难训练，但这跟训练者的意志有着非常重要的关系，只要训练者有目的并能及时地将注意力从一个对象转移到另一个对象上就可以了。话虽如此，但很多人还是很难做到"及时"二字，例如，很多孩子在学校里面由于下课时间玩得非常尽兴，上课时是很难把注意力集中在老师讲的内容上的，所以很多学校就采取了在上课前两分钟唱歌的方法，通过唱歌来转移学生的注意力，久而久之就形成了一个良好的学习品质。而在进行全脑快速阅读训练的时候，必须对意志的自觉性、坚持性、自我调节性以及自我控制能力等方面加强培养和锻炼，当然，这些方面的能力在后面的讲解中会一步一步地教给各位亲爱的读者。

当你能够自如地转移注意力了，你的注意力就完全受你控制了。在全脑快速阅读训练的时候，你就可以根据自己的阅读目的，把注意力集中在关键文字或者重点条文上，通过清晰的余光区又能扫视全文，这时候你自如地转移注意力不但能够寻求到主要目标，又能运用清晰的余光环视四周捕捉到与主要目标有关或者相关的内容，还可以舍弃与主要目标无关的内容或者无重要联系的文字或者条文,这样就会大大减少阅读时间和记忆的负担。这时候,我们的眼睛就好像一台功能强大的扫描仪,直接在书页上进行扫描和搜索,以达到又快又好的阅读效果。

画 重 点

⊕注意力的分配取决于预先划定分配注意力的资料或者事物和对神经系统刺激最大的感官。

⊕能够自如地转移注意力之后,就可以根据自己的阅读目的,把注意力集中在关键文字或者重点条文上,大大减少阅读时间和记忆的负担。

⊕快速阅读训练能让我们的眼睛就像一台功能强大的扫描仪,直接在书页上进行扫描和搜索。

第三章

激活自己的全脑思维

第三章
激活自己的全脑思维

第一节 快速阅读需要左右脑协同

英国诗人、文评家、英国浪漫主义文学的奠基人之一塞缪尔·泰勒·柯勒律治（Samuel Taylor Coleridge）曾把读者分为四类：第一类好比计时的沙漏，注进去，漏出来，到头来一点儿痕迹也没有留下；第二类好像海绵，什么都吸收，挤一挤，流出来的东西原封不动，甚至还脏了些；第三类像滤豆浆的布袋，豆浆都流了，留下的只是豆渣；第四类像开掘宝石的劳工，把矿渣甩一边，只要纯净的宝石。

我不知道此刻正在阅读此书的读者，在你平时阅读书本的时候到底属于上面列出的四种中的哪一种，如果你属于前面一、二、三种中的其中一种，你就必须得改变你的阅读习惯，如果你属于第四种，恭喜你，你已经开启了一个正确的阅读模式。因为塞缪尔·泰勒·柯勒律治讲的第四种读者，正是全脑快速阅读训练的效果体现——在阅读的时候只需要抓住书中的精髓，实现由浅入深的转化，也就是我们常说的"取其精华，去其糟粕"。因此，在进行全脑快速阅读的时候一定要力求做到"留下宝石"和"把厚书读薄"，要做到这样，我们就必须开发自己的全脑思维。

在前面，我们讲到"左右脑分工理论"，人类的大脑分为左半脑和右半脑。左半脑主要负责理解、记忆、时间、语言、判断、排列、分类、逻辑、分析、书写、推理、抑制等，因此，长期使用左脑思维，可以让思维方式具有连续性、延续性和分析性，所以很多人又把左半脑称为"意识脑"或者"学术脑"。右半脑主要负责空间形象记忆、直觉、情感、身体协调、视知觉、美术、音乐节奏、想象、灵感、顿悟等，因此，长期使用右脑思维的人，思维方式具有无序性、跳跃性、直觉性等，因此右脑又被称为"创造脑"或者"艺术脑"。

正是因为左半脑和右半脑各自具有彼此不同的功能特点，导致很多学生及成年人在学习和阅读的时候只是片面地使用了左脑功能，而荒废了右脑的功能。如果我们能够全面而持续地让左右脑平衡发展和充分利用的话，在学习和阅读的过程中，左右脑相互协调，用全脑思维的方式来控制和指挥学习和阅读过程，自然而然就会取得出人意料的、超乎寻常的好结果。

为什么这样说呢？因为在我们现行的教育及学习体系和模式中，从多年前遭到广大家长热捧的学习智能指数（IQ）到现在又开始热炒的心的智能指数（EQ），无不是以左脑教育为目的的。在全脑快速阅读训练课程中，我一直倡导全脑思维，把左右脑的功能特点相互协调利用，由文字转化到图像，这样既可以让阅读的速度加快，效率提高，实现厚书读薄的目的，达到事半功倍的效果，又能让我们阅读过书本之后，把书本中的精华要点——留下的宝石，长久地存储在大脑里面，从而让大脑这个"智慧仓库"更加充实。美国心理学家奥斯丁经过上千例的案例研究发现，当人的左右脑较弱的一方受到激励而与较强一方合作的时候，大脑的总效能会立刻增加5~10倍。如果我们左右脑都可以利用的话，这将会产生多么惊人的创造力啊。

第三章

激活自己的全脑思维

画重点

⊕塞缪尔·泰勒·柯勒律治按照阅读效果把读者分为四类。

⊕快速阅读训练帮助读者在阅读的时候只需要抓住书中的精髓,实现由浅入深的转化。

⊕在学习过程中,左右脑相互协调,用全脑思维的方式来控制和指挥阅读过程,自然而然就会取得出人意料的、超乎寻常的好结果。

第二节　全脑思维训练着手点

我们在进行全脑思维训练的时候一定要从下面这几个大方向入手：

提升自己的观察力

在全脑快速阅读课程中，我们会经常训练学员的观察力。为了培养学员敏锐的观察力，我经常要求他们做一些非常有效的训练。

1. 在规定的短时间内，让学员们在课堂上读完一篇文章后，一定要用自己的语言将其中的场景进行复述。

2. 仔细观察投影片中一幅有很多人物的画面5分钟，然后关掉投影片，当让学员立刻复述出画面中某一个人物的衣服、裤子、鞋帽的款式、颜色，以及人物的身高、胖瘦等身体最明显的特征等。

3. 玩"大家来找碴儿"这个游戏，让学员快速找出两幅图片中的不同之处，这对培养观察力和视觉分辨能力也非常有帮助。

4. 仔细观察身边的学员2分钟，把昨天和今天你看见的他的不同之处尽可能详尽地讲述。

5. 看完一部电影或者一集电视连续剧后，不妨把里面的场景尽可能详尽地讲给身边的人听。

以上这样的训练方法，我称它为"场景再现"训练法。但全脑快速阅读训练的"场景再现"跟超级记忆训练课程的内容又有所不同，全脑快速阅读训练有时间限制，而超级记忆训练则没有这个要求。

但不管怎么样，由于每一个人观察的方法和侧重点不一样，可能出现

第三章
激活自己的全脑思维

的结果也不一样，因此在某一些内容的复述或者讲述上也不一样，这是正常的。但在全脑快速阅读训练中，尤其在训练中的文章内容复述阶段，这是非常管用的训练方式，不但可以提升学员的观察力，还可以提升学员的视觉捕捉能力，而视觉捕捉能力是全脑快速阅读训练中学员必须掌握的关键能力之一。

善用图像

如果你看过我写的《超级记忆力训练法》（畅销升级版），或者说你上过我的"思维导图"训练课程，就一定知道善用图像可以给自己的工作、生活和学习带来巨大的帮助。很多自认为记忆力和思维能力非常差的学员，一旦经过课程中的图像思维训练过后，记忆力和思维能力都有了质的飞跃。

图像不但具备很强的吸引力，还更容易激发好奇心，常言说"一图抵过千言万语"，也有人说"一图抵万金"，这都是因为善用图像可以让我们的全脑思维得到巨大的释放，但由于人和人思维的差异，同样的一幅图像，常常可以看出不同的东西，产生不同的理解、不同的解读。

格式塔心理学家爱德加·鲁宾运用了一个经典的"鲁宾的面孔／花瓶幻觉"背景图（见下图），从而引发了广泛的探讨，而这幅图也被命名为"鲁宾之杯"。

"全想脑力提升书系"

快 速 阅 读

当我在课堂上把这幅图呈现给学员,让学员描述一下自己看见的一样东西时,有人说是杯子,有人说是两个人,有人说是烛台,也有人说是圆形的桌子……答案千奇百怪,各不相同,但一听他们的解读,却又非常地贴合图像。现在请你讲出你看见了什么?

善于建立联系

什么叫作善于建立联系?答案就是:有关系找关系,没有关系,强迫建立关系。三句话说起来很简单,但是对于没有经过训练的人来说,还是有点难度的。难度之一就是不知道怎么建立联系。

建立联系的三个要点就是:联结、转接、跳跃。而这三点,在全脑快速阅读课程中是非常重要的要点,当你能够把文章中或者书本中看到的要点或者关键词都能彼此建立起联系的时候,你就真正地达到了把厚书读薄的效果了。

为什么呢?因为在你采用全脑快速阅读的时候,打破了对文章和书本逐字逐句的阅读模式,取而代之的是把一些关键词及重点条文以图像的形式进入右脑,但为了意义的辨识,又要从右脑到左脑进行存储,在存储的过程中必须把这些碎片化的要点进行整理。在这一过程中,我们的大脑会自动把知识要点进行联结、转接、跳跃,使其与碎片化的资料建立联系,这样就能完整地吸收书中讲述的精华了。做到这样,这本书的内容也就掌握了。

那什么叫作联结呢?只要是同类方向建立的联系就叫联结,比如桃子和梨子就叫联结。什么是转接?是不在一个层面上的纵向逻辑思维联结,比如从桃子发散到水果刀。什么叫跳跃?这是一种发散的联结,打破常规,任意地发散,只要你认为能建立联系就可以了,比如从香蕉发散到游泳这样的模式就叫跳跃。

第三章
激活自己的全脑思维

练就超级记忆力

古希腊悲剧诗人阿斯基罗斯说过："记忆是智慧之母。"我相信，我们每一个人身边都有这样一些人，他们记忆力超强，很多人要花上好几个小时甚至好几天才能记住的一些学习及工作资料，他们却在短短几十分钟之内就全部记牢了，甚至还可以完整地复述，很多人因此把他们誉为"记忆神人"。

其实当你看完《超级记忆力训练法》（畅销升级版）后，你就会明白，他们之所以记忆学习及工作资料的时候如此轻松，并不因为他们天生就是记忆高手，而是他们率先学会和掌握了超级记忆的相关技巧，经过长期的运用和转换，使其发展成为一种自己随时都能灵活运用的技能罢了。

在文学、哲学上多有建树，在自然科学领域里也取得了重大成就的英国文艺复兴时期最重要的散文家、哲学家弗朗西斯·培根这样说过："一切知识的获得是记忆。记忆是一切智力活动的基础。"因此，一个人想要获得丰富及时的知识，唯一的办法就是把我们从书本中学到的知识或者别人教授给我们的知识牢牢地记住并存储在大脑里面，当有需要的时候，就可以立刻调用大脑里存储的知识，以协助我们获取更大的成就。

但是，想要练就超级记忆力就必须给自己一个明确的目标，以这个目标产生的自制力，按照正确的方法，每天坚持训练30～60分钟，坚持21天，就一定可以让自己的学习能力和记忆能力提高5倍以上。现在，就请你朝着这个令许多人羡慕的方向努力吧。

画重点

⊕ 全脑思维训练需要提升观察力、善用图像、善于建立联系并练就超级记忆力。

⊕ 图像思维训练可以让记忆力和思维能力有质的飞跃。

⊕ 建立联系的三个要点是：联结、转接、跳跃，可以达到了把厚书读薄的效果。

第三章

激活自己的全脑思维

第三节 运用大脑的联结能力

在一次全脑快速阅读训练课程上,一位30多岁的学员提出了一个问题:"老师,为什么学唱歌要比看书和背诵文章资料容易得多啊?"其实原因很简单,虽然歌曲中包含的歌词、旋律、节奏要比我们看的书或者背诵的文章复杂得多,但我们在学唱一首歌的时候,左脑会自然而然地处理歌词,右脑会自然而然地处理旋律,左脑和右脑相互协同运作,让旋律和节奏与视觉感知到的文字通过声音进行演绎和融合,使大脑的情感中心也调动了自己的情感,因此学会唱歌也就容易了。

在阅读的时候也必须这样,让大脑的情感中心调动出情感,激发出对书的兴趣,而不是像有些人只要看书不超过20分钟,就开始呵欠连天,甚至呼呼大睡。那如何才能让大脑的情感中心调动出情感,参与到全脑快速阅读训练中呢?那就必须从三个方面进行训练。

运用大脑的联结是第一个方面。

只要突破思维的局限,就能最大限度地联结自己所有的知识及经验来拓展思考路径。在全脑快速阅读训练中,如果你能把书中讲述的内容和自己的视觉、听觉、嗅觉、味觉和触觉一起相互刺激,大脑就会将书中的信息和外部感知的信息进行有效的碰撞和对接,这种碰撞和对接会让我们增加阅读的兴趣,增强我们阅读的动力。在这一过程中,我们的大脑会在不知不觉中运用联结的能力。

例如,一本书的某一段落或者章节中出现了很多花的名称,我们的大脑就会启动左脑以线性的联想，习惯性地把相同类别的事物直接联系在一起，因为这些花是同一种类，没有超出"花"这一物种的层面。在全脑快速阅读的过程中，如果这些花的名称都是我们要记忆的关键词组的话，这样的快速联结就会产生出巨大的发散圈，在这个发散圈外围的资料只要通过花名，就可以延展出来。请看下面这几段关于中国十大名花的介绍：

1. 水仙花。水仙花是福建省的省花，漳州市市花。每当暮冬岁首，百花凋谢、群芳俱寂时，水仙却冰肌玉骨、亭亭玉立、清香四溢，为人们带来一片春意，一向被视为吉祥、美好、纯洁、高尚的象征，是"岁朝清供"之佳品，因此也被人们称为"凌波仙子"。水仙为秋植球根类温室花卉，喜阳光充足，生命力顽强，能耐半阴，不耐寒。7~8月落叶休眠，在休眠期鳞茎的生长点部分进行花芽分化，具秋冬生长、早春开花、夏季休眠的生理特性。水仙喜光、喜水、喜肥，适于温暖、湿润的气候条件，喜肥沃的砂质土壤。生长前期喜凉爽，中期稍耐寒，后期喜温暖。

2. 杜鹃花。杜鹃花生长在云南海拔800~4500米的高山、中山、低丘和田野。杜鹃花的花期依气候和品种而不同，低山暖热地带多在2~3月开放，中山温凉地带多在4~6月开放，高山冷凉地带多在7~8月开放。因其种类繁多，分布广泛，生态环境复杂多样，杜鹃花的体态风姿也是多种多样：有的枝叶扶疏；有的千枝百干；有的郁郁葱葱，俊秀挺拔；有的曲若虬龙，苍劲古雅。其花色更是五光十色、多姿多彩：殷红似火、金光灿灿、晶蓝如宝，或带斑带点，或带条带块，粉红的、洋红的、橙黄色的、淡紫色的、黄中带红的、红中带白的、白中带绿的，真是千变万化，无奇不有。有的浓妆艳服，有的淡着缟素，有的丹唇皓齿，有的芬芳沁人，真是各具风姿，仪态万千。

3. 桂花。桂花产于四川、云南、广西、广东和湖北等省，在印度、尼泊尔、柬埔寨也有分布。从中秋节到翌年3月底陆续开放，桂花清可绝尘，

第三章

激活自己的全脑思维

浓能远溢，堪称一绝。尤其是中秋时节，丛桂怒放，夜静月圆之际，把酒赏桂，清香扑鼻，令人神清气爽。在中国古代的咏花诗词中，咏桂之作的数量也颇为可观。桂花自古就深受中国人的喜爱，被视为传统名花。以桂花为原料制作的桂花茶是中国特产茶，它香气柔和、味道可口，为大众所喜爱。

4. 茶花。茶花的花期较长，一般从10月份始花，翌年5月份终花，盛花期为1~3月份。花瓣为碗形，分单瓣或重瓣，单瓣茶花多为原始花种，重瓣茶花的花瓣可多达60片。茶花有不同程度的红、紫、白、黄各色花种，甚至还有彩色斑纹茶花，而花枝最高可以达到4米。在我国南方，茶花既是一种很好的观赏植物，又是一种很难得的冬季蜜源植物。

5. 菊花。菊花是经长期人工选择培育的名贵观赏花卉，因具有清寒傲雪的品格，才有陶渊明"采菊东篱下，悠然见南山"的名句。中国人有重阳节赏菊和饮菊花酒的习俗。唐代孟浩然在《过故人庄》写道："待到重阳日，还来就菊花。"在古代神话传说中，菊花还被赋予了吉祥、长寿的含义。公元8世纪前后，作为观赏的菊花由中国传至日本。17世纪末期荷兰商人将中国菊花引入欧洲，18世纪传入法国，19世纪中期引入北美，此后中国菊花遍及全球。

6. 月季花。月季花被称为花中皇后，又称"月月红"，是常绿、半常绿低矮灌木，四季开花。既可作为观赏植物，也可作为药用植物。现代月季花花型多样，有单瓣和重瓣，还有高心卷边等优美花型；其色彩艳丽、丰富，不仅有红、粉黄、白等单色，还有混色、银边等品种。经过现代技术大量的培育，月季的品种繁多，中国有千种以上，在世界上已有近万种。

7. 荷花。荷花是多年生水生草本花卉，根状茎横生，肥厚，节间膨大，内有多数纵行通气孔道，节部缢缩，上生黑色鳞叶，下生须状不定根。荷花种类很多，分观赏和食用两大类，原产亚洲热带和温带地区，中

"全想脑力提升书系"
快速阅读

国早在周朝就有栽培记载。荷花全身皆宝,藕和莲子能食用,莲子、根茎、藕节、荷叶、花及种子的胚芽等都可入药。荷花的观赏价值也很高,"接天莲叶无穷碧,映日荷花别样红"就是对荷花之美的真实写照。荷花"中通外直,不蔓不枝""出淤泥而不染,濯清涟而不妖"的高尚品格,历来为文人墨客歌咏绘画的题材之一。

8. 梅花。衔霜当路发,映雪拟寒开。梅花以它高洁、坚强、谦虚的品格,给人以立志奋发的激励。在严寒中,梅开百花之先,独天下而春。梅花在中国有3000余年的栽培历史,是极具观赏性和文化象征的植物。自20世纪80年代开始,一直有人积极推动定梅花为中华人民共和国国花,还有许多地区把梅花定为市花、县花。

9. 兰花。折茎聊可佩,入室自成芳。兰花朴实无华,叶色四季常青,叶质柔中带刚,叶态优美,秀丽多姿,即使不在开花期也是观叶的好花卉,一旦开花更是清香满室,沁人心脾。古时把好的文章称为兰章,把情深义重的好友称为兰友或兰谊,因此兰花就成了人间美好事物的象征。

10. 牡丹。牡丹花色泽艳丽,玉笑珠香,风流潇洒,富丽堂皇,素有"花中之王"的美誉。牡丹品种繁多,色泽亦多,以黄、绿、肉红、深红、银红为上品,尤以黄、绿为贵。牡丹花大而香,故又有"国色天香"之称。唐代刘禹锡有诗曰:"庭前芍药妖无格,池上芙蕖净少情。唯有牡丹真国色,花开时节动京城。"在清代末年,牡丹就曾被当做中国的国花。牡丹是中国特有的木本名贵花卉,有数千年的自然生长和1500多年的人工栽培历史,在中国栽培甚广,并早已引种世界各地。

对于上面这10段文字,如果要死记硬背或机械式阅读的话,我敢肯定很多人在看完以后,可能连20%的内容都记不住。如果我们采用全脑快速阅读,运用联结的方式阅读完成后,大脑中就会形成一个联结发散圈,如下图所示:

第三章

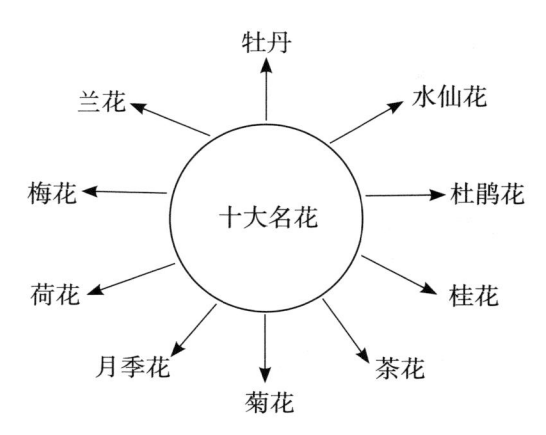

激活自己的全脑思维

```
         牡丹
    兰花  ↑  水仙花
      ↖ │ ↗
  梅花 ← 十大名花 → 杜鹃花
      ↙ │ ↘
    荷花    桂花
      ↙ ↓ ↘
   月季花  茶花
        菊花
```

根据这个联结发散圈，我们记忆就非常轻松，复习起来也容易多了。如果你还想记忆得更加深刻，甚至要把每一种名花的特征等记忆得更加详细，你只需要继续把每一种名花按照颜色、生长特征、形状等进行联结就好了。

画重点

⊕ 学唱歌之所以容易，是因为左脑处理歌词，右脑处理旋律，左脑和右脑相互协同运作，让旋律和节奏与视觉感知到的文字通过声音进行演绎和融合，还使大脑的情感中心也调动了自己的情感。

⊕ 运用联结的能力，大脑就会将书中的信息和外部感知的信息进行有效的碰撞和对接。

⊕ 联结发散圈能帮我们的记忆和复习变得轻松。

第四节　启动大脑的转接思维

让大脑的情感中心调动出情感，参与到全脑快速阅读训练中，还需要启动大脑的转接思维。

在学习的过程中，当大脑接收到一个新的信息或者刺激的时候，大脑深处某一些特定的机能马上就会被激活，并立刻做出特定的反应。比如在学习的过程中，如果遇到生僻难懂的句子或者段落，这时大脑中特定的机能就会激活，并给出反应指令：要不跳过这段资料，接着继续往下学习；要不就是指挥我们翻看教科书或者其他资料寻求答案。还有一种情况是，当现在学习的资料和以往学习的资料相同或者意义相近的时候，大脑会自然而快速地调动以前存储的那些资料和现在的资料相匹配，并且以更有效率的方式处理阅读的速度并提高记忆牢固度。

为什么会这样呢？原因就在于大脑的转接思维。转接思维一直充当着我们在学习、生活和工作等方面获取信息的交换器。如果没有这个交换器，在博大精深的汉字文化里面，人类在学习、生活及工作中将会一直麻烦不断。因为在汉字表示中，汉字的写法比较单一，它不会因为语言环境、前后的词语搭配等关系而改变这个汉字的写法，比如我们以"王"字为例来组词看看：

兰陵王、霸王别姬、都铎王朝、滕王阁序、王冠、女王、王安石、王府井、王妃、王维、天王、王子、王蒙、冥王星、拳王、猴王、海王星、王勃、美猴王、孩子王、阎王、西王母、小霸王

第三章

激活自己的全脑思维

上面这么多的词组,但"王"字始终还是这个"王"字,一点变化也没有。因此,汉字不会像英语那样随着语法的改变,字的写法也会发生相应的变化,这样我们在阅读的时候就会轻松很多。还有一个更大的优势,汉字一直都是以表意形式存在的,不同的句子可以表达同样一个意思。比如"你在哪里"和"你在什么地方"表达的意思是一样的。在全脑快速阅读训练中,只要把这个优势运用起来,阅读速度和记忆的效率就会成倍地提高。现在我们来看看下面这段文字资料:

提高学习效率的10个秘诀:

1. 学习要选择灯光明亮适中、周围安静的环境,让人感觉舒适。
2. 开始学习前,深呼吸,放松自己的心情。
3. 不妨与自己的学科结合做一下白日梦,激发想象力的同时提高兴趣。
4. 事先确定一个学习的量,数量不宜太多,要合理,并一定要完成。
5. 在学习的过程中发现资料的内在线索和联系,以加深理解。
6. 运用方法对资料建立有效的联想或联结记忆。
7. 建立的联想图像要鲜明生动。
8. 多用朗读的方式来刺激大脑,有利于形成长期记忆。
9. 持续学习的时间不宜太长,劳逸结合能取得更好的学习效果。
10. 适当地有规律地进行复习,将短期记忆转化为长期记忆。

假设让你阅读一遍这10个提高学习效率的秘诀后,就让你立刻复述,我相信没有经过记忆力和思维能力提升训练的你有95%以上的内容是无法复述的,就算硬着头皮复述的话,也是东拉一点西扯一句。如果运用转接思维的话,我们就可以在每一个要点里面提取一些关键字,进行意义的辨识后,就得到了这样的10个秘诀:

1. 舒适的环境。
2. 放松心情。

3. 激发想象力。

4. 合理的数量。

5. 发现联系。

6. 联想联结记忆。

7. 图像鲜明生动。

8. 听觉刺激。

9. 劳逸结合。

10. 有规律地复习。

现在，我们一一对比就会发现，它们表达的意思都一样，但运用转接思维后得到的10个秘诀无论是在阅读还是在记忆的时候，都要容易和简单得多。在全脑快速阅读训练的时候，遇到大段理论性的资料时，我们必须启动大脑的转接思维，只有这样，我们的阅读速度才会快速地提升，记忆的难度才会大大地降低。

画重点

⊕转接思维一直充当着我们在学习、生活和工作等方面获取信息的交换器。

⊕如果没有转接思维这个交换器，我们就无力应付博大精深的汉字文化。

⊕遇到大段理论性的资料时，我们必须启动大脑的转接思维，不仅能提升阅读速度，还会降低记忆的难度。

第三章

激活自己的全脑思维

第五节　启动大脑的跳跃思维

让大脑的情感中心调动出情感，参与到全脑快速阅读训练中，还需要启动大脑的跳跃思维。

在练习跳跃思维的时候，我通常会建议大家从单一的词组开始练习，等熟练到一定程度的时候再结合书本上的资料进行跳跃思维练习，这样取得的效果要好得多。当一个人能熟练启动跳跃思维时，大脑对接收到的信息和资料就可以横向、纵向肆意地进行天马行空的想象，不再受到逻辑的限制。在练习的时候，你跳跃发散出的思维不能和被发散词组在同一层面上。

现在我们以"香蕉"这个词组为例，很多人看到香蕉就联想到苹果、梨子、菠萝等同类水果，这不是跳跃思维，这是联结思维，因为你的思维还处在同一层面上。还有的人联想到水果摊、果农等，这也不是跳跃思维，因为它们之间其实是可以直接联系的：香蕉是摆放在水果摊上的，或者香蕉是由果农种植的，思维虽然转了一个弯，但几乎还是处在同一个层面。

跳跃思维要尽可能地让大脑发散出的词组或者句子跟给出的题目没有任何直接联系，需要我们的大脑去创造出关系。继续以"香蕉"为例，运用跳跃思维我们可以发散出：游泳池、天宫一号、论语、今天我去唱歌、项目、起重机、妈妈急得发疯了、伟大的祖国、超强大脑训练课程等等，只要你能想到的都可以。苏联心理学家戈洛万和斯塔林做的实验表明，"任何两个概念，都可以经过四五个阶段就建立联想"，用这一理论来给这些词组创造联系时，我们必须大胆而富有想象力：

"全想脑力提升书系"
快速阅读

香蕉——游泳池：一群活泼可爱的孩子一边吃着美味的香蕉，一边在游泳池里游泳。

香蕉——天宫一号：宇航员们在我们发射到外太空的"天宫一号"飞船上种植了许多香蕉。

香蕉——论语：孔子带领着众多的弟子们把每一棵香蕉树上都刻上《论语》里的句子。

香蕉——今天我去唱歌：今天吃了香蕉后，我去唱歌获得了全校歌唱比赛一等奖。

香蕉——项目：公园里要修建一个香蕉造型的大楼，老板命令员工一定要拿下这个赚钱的项目。

香蕉——起重机：菲律宾的农民用一火车皮的香蕉才换购了一台起重机。

香蕉——妈妈急得发疯了：小明吃了香蕉后出现了中毒的症状，他的妈妈急得都发疯了。

香蕉——伟大的祖国：方圆几十公里的香蕉林里面，有来自我们伟大祖国的朋友在种植香蕉。

香蕉——超强大脑训练课程：同学们吃完香蕉后，精神抖擞地去参加全想记忆培训机构的超强大脑训练课程。

经过每天花点时间对单一的词组进行跳跃思维的练习后，你会发现自己在阅读的时候，非常容易进入一个最佳的学习模式，大脑突然像被人施展了超级魔法一样，把以前那些讨厌的文字统统读取，吸收新知识越来越容易。从这时候起，你的优势思维一旦建立起来，你将体会到阅读和学习的乐趣。

当然，在全脑快速阅读训练中，光做到这点是不够的，我们还必须结合一些文章来进行有效的练习，把书本中在我们的视幅范围内出现的关键词完整地捕捉到，再启动跳跃思维，打破思维的惯性，运用右脑的转换，

第三章

激活自己的全脑思维

使这些关键词完全符合人脑的形象思维和记忆模式。在需要使用这些资料的时候，你只需要稍加回忆就可以轻松并且完整地从大脑里呈现并提取。

现在我们就来试着阅读下面这段文字：

口头沟通的八点注意事项：你能够清楚地表达出自己的想法，还应当确保词语能精确地表达意思，言谈举止保持礼貌和友好，在所有场合保持你真实的本色，身体自然放松，与对方保持目光接触，选择适合环境的着装且保持整洁，在整个沟通的过程中保持良好的姿势。

请你花2分钟的时间仔细阅读一遍上面这段文字，然后闭上眼睛，在大脑里回忆一遍这些内容。怎么样，你是否能够完整地复述？

答案一定是否定的，因为你刚才阅读的时候，依旧是按照左脑条例式然后死记硬背或者重复阅读，这种机械式的阅读方法不光会耗费大量的阅读时间，还会让记忆资料无法长久地保持。不相信的话，请你明天早上起床时，再让自己在脑海里默想一遍，那时你也许已经忘得一干二净了。因为在机械式的重复阅读中，我们的大脑始终处于一种被强制灌入的压力之中。什么叫作"强制灌入"呢？就是在机械式重复阅读的时候，由于书本上的文字无法让阅读者产生乐趣和兴奋度，直接由眼睛把书本上的文字强行传递给大脑进行处理，而大脑这时却处于一种对文字的强烈抵触状态，这种现象保持的时间越长，我们获取信息的效率就会越低。在我们身边，很多人开始给自己增加一个标签——脑子笨或天生记忆力不好，一旦给自己贴下了这个标签，就会让自己在开始学习和阅读的时候产生逃避心理，从而让自己丧失学习很多宝贵知识和经验的机会，直到有一天明白了"书到用时方恨少"时，才发现就算是想努力学习，到头来还是"白了少年头，空悲切"！

为了避免再一次采用机械式的重复阅读，我们就必须正确地运用跳跃思维来重新阅读一遍这段文字：

"全想脑力提升书系"

快速阅读

口头沟通的八点注意事项：你能够清楚地表达出自己的想法，还应当确保词语能精确地表达意思，言谈举止保持礼貌和友好，在所有场合保持你真实的本色，身体自然放松，与对方保持目光接触，选择适合环境的着装且保持整洁，在整个沟通的过程中保持良好的姿势。

在采用跳跃思维阅读的过程中，眼睛在视幅范围内一开始就会立刻注意到一个关键词，这个关键词就是"八点"，从这个词开始延展，我们就大概知道接下来内容的大致范围了。在这里我要声明一下，由于每个人的思维方式和学习习惯不一样，找的点也会有所不同，这是正常的。这个"点"没有标准答案，只要你能记下来就好。

现在，我按照我跳跃思维的习惯找出的八个"点"依次是：清楚、精确、言谈举止、真实、身体、目光、着装、姿势。接下来要做的事情，就要把这八个重点词汇记下来，请开始发挥跳跃的思维想象：一个人清除（清楚）了一只金色的麻雀（精确）后，他的言谈举止都变得非常的真实，身体很健康，目光有神，而且着装和讲话的姿势都非常干练。现在，你只需要闭上眼睛，在脑海中把这个组成的故事从头到尾地回放一遍，为了使印象更加深刻，在回放这八个词语组成的故事时尽量让自己感觉仿佛置身在这个故事中一样。如果能做到这点的话，我相信任何人都能在几天或者几周甚至几个月后把这个故事轻松地复述，如果再结合这八个词语回想一下原文的话，你将发现，复述原文简直毫不费力。

接下来，我们要做个练习了，请阅读下面这两段文字，并找出你能够注意到的"点"，然后运用跳跃思维组成故事并复述。

1. 成功者的好习惯：清楚地了解做每一件事情的目的；做决定迅速果断，之后若要改变决定，则深思熟虑；具有极佳的倾听能力；制订当日计划；勤于练习；保持体力或创造更多精力；为大多数人贡献自己的力量；成功者找方法，失败者找理由。

第三章

激 活 自 己 的 全 脑 思 维

你寻找的"点"是：

你组成的故事是：

2. 我国对外贸易的作用：可以互通有无，调剂余缺，实现资源优化配置；节约社会劳动，取得较好的经济效益；吸收、引进当代世界先进的科学技术成果，增强本国的经济实力；接受国际市场的竞争压力和挑战，促进国内企业改进技术，提高劳动生产率和产品的国际化水平。

你寻找的"点"是：

你组成的故事是：

画 重 点

⊕跳跃思维要尽可能地让大脑发散出的词组或者句子跟给出的题目没有任何直接联系，需要我们的大脑去创造出关系。

⊕在机械式的重复阅读中，我们的大脑始终处于一种被强制灌入的压力之中。

⊕把书本中在我们的视幅范围内出现的关键词完整地捕捉到，只需要稍加回忆就可以轻松并且完整地从大脑里呈现文章。

第六节 接收信息的五感

通过前面一个小节的学习,很多学员出现了一个问题,就是无法把自己找出的"点"联系起来完成记忆。在训练全脑快速阅读能力的时候,把自己找出的"点"联系起来并完整地复述,直接决定你的阅读速度和记忆效率。那如何才能做到熟练地运用"点"来形成联系呢?最直接的方法就是激活五大感官,并对自己的五大感官进行一个全面的训练。

五大感官就是我们常说的视觉、听觉、味觉、嗅觉和触觉。在全脑快速阅读训练中,如果每一个人都能把这五大感官快速有效地调动起来,那记忆效果就会大幅度地提升,同时还能更快速地实现长期记忆。

为什么这样讲呢?因为人类所有的一切外在信息首先就是通过五大感官来提取接收的,并且通过自己独有的价值观及信念等过滤后,把这一些自己觉得有利用价值的信息整合起来后再传输给大脑。讲到这里,很多人就开始发问了:既然每个人都是这样的,为什么人与人之间在学习效率或者阅读效率上有相当大的差别呢?原因很简单,就是每一个人对自己五大感官的利用程度不一样。

人类学家研究发现,人类在学习的时候一共有五大通路,这五大通路就是我们所说的五大感官。首先是视觉,每个人都是不断通过自己的双眼来摄入外界的图像信息,比如我们去电影院里观看电影,在家里看电视以及在旅行的时候对名山大川和风景名胜的欣赏都是视觉摄入的典型例子。

其次是听觉,靠声音传递给我们的耳朵来学习吸收知识,比如我们上

第三章
激活自己的全脑思维

课或者听报告，很多人开车的时候习惯收听电台广播以及在学习的时候大声朗读条文资料等都会对大脑产生听觉上的刺激，并方便大脑将各种信息联系在一起。

再次就是所谓的触觉，人体只要活着，都无时无刻不在感知身边环境给自己带来的影响，比如天气的冷和热，我们一下子就能感知得到，还有很多人都有过这样的亲身经历：一不小心撞到了一棵树上，就会感觉被撞的身体部位非常疼痛，甚至还有人疼得流出了眼泪，这就是非常明显的触觉刺激。

还有味觉，比如某天你去了一家餐厅，点了一份菜肴，吃在嘴里，感受到酸甜苦辣，这就是味觉，吃完了以后，很多人还会对这个菜品做一下自己的点评，因此，评判一个菜品好吃还是不好吃的标准也是由个人的味觉决定的。

最后一个就是嗅觉了，一般来说，嗅觉引领大脑发出行动命令，比如去餐厅吃饭，感知饭菜的香味就要靠我们的嗅觉；如果你去一个花园，感知到阵阵的花香，这也是嗅觉；再比如你现在捧起的这本书，你能闻到纸张的味道和油墨的气味，这都是靠嗅觉。

针对目前很多人在学习的时候采用传统的"粉笔加讲授"（Chalk and talk）方法，大部分信息只能通过听觉来获取这一现象，美国哈佛商学院有关研究人员的分析资料表明，人的大脑每天通过五种感官接受外部信息的比例分别为：味觉1%，触觉1.5%，嗅觉3.5%，听觉11%，视觉83%。这一研究结果表明：要获得对客观事物的全面了解，五种感官必须协同作用才能完成。五大感官只有相互地协同作用，人类对外部信息的吸收才会越来越完整。

画重点

⊕五大感官就是我们常说的视觉、听觉、味觉、嗅觉和触觉。

⊕人与人之间在学习效率或者阅读效率上有相当大的差别,是因为每一个人对自己五大感官的利用程度不一样。

⊕五大感官只有发挥好协同作用,人类对外部信息的吸收才会越来越完整。

第三章

激活自己的全脑思维

第七节　抽象词句转换激活五感

如何才能激活五大感官呢？对于一个刚接触全脑快速阅读的人来说，多做抽象词语和句子的转换，会帮助你很轻松地克服这个难点。

在阅读的时候，我们遇到的文章和学习资料中，有90%以上的词语都是抽象词语。因此，很多人只要一拿起书本就开始烦恼不已：天哪，这么多文字，怎么才能复制到脑袋里啊？在阅读的时候按照自己固有的思维去推理、判断、找规律，发现效率并不高，而且还非常容易疲劳，很多人在此刻恨不得立马变成一台复印机，把这些资料统统复印到大脑里。但如果采用抽象词语和句子转化后，你将会发现记忆和阅读这些资料会变得非常轻松。经过多年的实践运用和教学研究，我们发现，只要通过四种方法，就可以把抽象词语和抽象句子任意转换。在《超级记忆力训练法》（畅销升级版）中，我也跟大家分享过。

找代表物

当记忆资料是一个或者一组抽象材料时，我们就找一个或者一组能代表它实际的形象物品或者人物来进行替代记忆，在复述回忆或者运用的时候只需要把实际的形象物品或者人物还原成原来的抽象材料即可。例如，这几个抽象词语：伟大、迷信、利润。运用找代表物这个方法，我们就可以为第一个抽象词语"伟大"找到一些能代替它的实际人物形象了，如列宁、拿破仑、秦始皇、丘吉尔等。不同的人思维发散的程度不一样，找的代表物或者人物也是不一样的，只要你觉得能代替要记忆的这个抽象资料就好。同样,第二个词"迷信"我们也可以轻易找到代表物,如巫婆、巫师、河神等。那第三个词"利润"的代表物就可以是红包、金钱、压岁钱等。

运用谐音

这种方法就是利用汉字或者数字同音或近音的条件,用同音或近音文字来代替要记忆的材料。尤其是抽象的知识要点和长串的数据资料,运用巧妙、大胆、形象的谐音转换,越是新奇越能更大地调动自己的积极性和提升学习的兴趣。如:"重要"就可以谐音成"中药","努力"就可以谐音成"奴隶","研究"谐音成"烟酒"。数字也同样可以,如:"618"谐音成"搂一把","1776"谐音成"一起骑牛","1644"谐音成"一路死尸","1895"谐音成"一把酒壶"等,谐音没有任何正确答案,只要你认为好还原成原来的资料就好。

字面展开

这种方法也叫"浪漫联想法",每个人都可以按照自己喜欢的方式对要记忆的材料进行字面展开,而不去管它本来的意思。这种充满浪漫主义色彩的思维发散不是胡思乱想,而是让思维结合材料进行天马行空的扩展,但它又不是漫无边际的,只需要让思维随着字面把"不合乎思维情理的词转换为合乎思维情理的图像来记忆"就可以了。

这种方法对任何人都非常实用,只需运用一些奇异、特别的想法,把没有生命的词语进行拟人化或者直接通过字面把有关的人、事、地、物等串联到一起,将其扩展成生动的形象、奇异的场面和诙谐有趣的情节画面等。例如,"深闺疑云"这个词就可以展开成:"深色的乌龟(闺)咬着一(疑)朵云","春华秋实"可以展开成:"春天开了花(华)到了秋天结满了果实","望而生畏"则展开成:"望着儿(而)子生吃了一只刺猬(畏)"。

第三章

激活自己的全脑思维

场景想象

利用右脑对于图片感知和快速反应的功能,把书本中要记忆的那些枯燥乏味的材料想象成可爱、生动、形象的场景,并在脑海中完美地展现出来。让场景赋予每个要转换的材料以生命力,在不知不觉中就建立了场景与记忆材料之间的直接联系,在回忆或者运用的时候直接提取大脑里面的场景,就能快速还原出原来的材料。例如,"胸有成竹"这个词就可以想象成"一个人拍着胸脯告诉大家一定能轻松完成"的场景,"气壮山河"就可以想象成"狼牙山五壮士跳下悬崖大喊着中国共产党万岁"的场景等。

当我们能熟练地运用上面的方法把抽象词语及抽象的句子进行自由转换时,就可以把自己既有的知识网络结合在一起,激活五大感官就会更加容易。

画 重 点

⊕ 只要通过四种方法,就可以把抽象词语和抽象句子任意转换,让记忆和阅读变得更简单。

⊕ 抽象的知识要点和长串的数据资料,最适合运用巧妙、大胆、形象的谐音转换。

⊕ 字面展开这种方法也叫"浪漫联想法",不是胡思乱想,也不能漫无边际。

第八节　情景引导激活五感

　　自我催眠式的情景引导，也能激活五大感官。

　　在全脑快速阅读训练中，这是非常重要的组成部分，尤其是在训练刚开始时，大部分的人都无法让自己的心情在5～20秒之内就保持平静状态，因此自我催眠式的情景引导是必不可少的一步。经由自我催眠式的情景引导不但可以让烦躁的心保持平静，还可以让我们迅速地进入最佳的学习状态。

　　还有一部分人在训练了一段时间后，会出现腰酸背疼、眼睛疲劳以及头昏脑涨的情况，这时，我一般都会让学员们停下来，进行自我催眠式的情景引导，目的就是让他们能快速地改变身体的不适感，快速地从病态的学习状态中逃脱出来，回到身心自然放松的健康状态。不过，要强调的一点就是，在训练开始时进行的自我催眠式的情景引导和学员出现身体不适感时要进行的自我催眠式的情景引导有不同的引导词，但都是以激活五大感官为主。

　　现在，就让我们来练习课前以静心为主的自我催眠式的情景引导。请大家开始：

　　深呼吸，慢慢地把空气吸进来，再慢慢地把空气吐出去。深呼吸的时候，想象你把空气中的氧气吸进来，空气从鼻子进入你的身体，沿着气管流过鼻腔、喉咙，然后进入你的肺部，再渗透到你的血液里，这些美妙的氧气经由血液循环，再输送到你全身每一个部位、每一颗细胞，使你的身体充满了新鲜的活力。吐气的时候，想象你把身体中的二氧化碳通通地

第三章
激活自己的全脑思维

吐出去，也把所有的疲劳、烦恼、紧张通通地送出去，让所有的不愉快、不舒服都离你远去……每一次的深呼吸，都会让你进入更深沉、更放松、更舒服的状况。当你专注于呼吸的时候，觉察到空气在你体内流通，感觉氧气进入身体的每一颗细胞，你的身体就会自动展开补充能量的过程。你越能将注意力集中在你的呼吸上，你的身体就会越健康、越有活力。伴随着你的深呼吸，你穿过一根黑暗的管子，这是一条时光隧道。你觉得身处在一片由黑逐渐变成白色的迷茫里。一会儿，白雾散尽，你走进了一个仙境，这里满山遍野都是青青的绿草，还有些你不常见到的鲜花，这里充满了宁静、甜美……一阵轻风从你通透晶莹的身子穿过，你突然捕捉到一个信息：一个人只要拥有纯净的意识，就能进入自己心中神圣的殿堂，而那个雄伟殿堂的中央宝座上，坐着的就是你自己！你坐在宝殿上俯瞰着整个宇宙，无数颗行星在你的脚下飘浮着……整个地球都在你的怀抱中……整个太阳系在也随着你的上升逐渐在你的怀抱里……你的身体仍然在向上飘浮着，你的双臂向两侧尽量地伸展着……你拥有整个银河系，拥有整个宇宙……继续深深地呼吸、缓缓地呼吸……你的心里会越来越平静安详，你觉得自己越来越有信心面对所有的事情，你有能力做好任何你想做的事情……记住！你会一天比一天更好。

这是一个3分钟的课前静心引导词，你找一个声音比较甜美而且普通话比较标准的朋友充满情感地念一遍。如果你自己可以念，也不错，但记得用手机的录音功能录下来，在每次课前的时候按照录音做一遍。练习一段时间过后，你就会发现，你的心态会越来越平和，记忆力和注意力也有了显著的提升，还可以非常轻松地运用感官进行想象，好像引导词中的这些场景真的就出现在你的面前了。

做好了课前引导，我们还要运用自我催眠式的情景引导解除身体的疲劳状态，很多急功近利的学员往往会忽略这个练习。为了早些达到全脑阅

"全想脑力提升书系"

快速阅读

读的训练效果，很多人明明已经疲惫不堪了，还在咬牙坚持练习，这是一个对自己非常不负责任的方式。既然身体已经抗议了，我们就应该立刻停下来，休息一下，放松放松，找到自己的最佳学习状态。当你感觉到自己的学习状态渐渐偏离了正确的学习轨道时，你就可以跟着下面的引导词一步一步地放松自己的身心：

找一个舒适的地方，躺下或者坐下，放松、放松，再放松。轻轻闭上眼睛，做几个深呼吸。让每一次的呼吸，带你进入更深沉、更深沉的放松状态。现在，把注意力放在吐气上，去感觉空气流出你的鼻腔……每一次吐气，都会将兴奋、紧张释放出来……现在，已经把所有废物毒素都彻底地排出来了。现在，把注意力放在吸气上，去感觉空气进入鼻腔……专心地吸气，就像要从空气中吸收特定的能量一样……每一次吸气，身体每一个细胞都被神奇的养分充满……每一次吸气，全身都注入了更多的能量……现在，你会感觉到你进入了更深沉、更深沉的放松状态，感觉非常平静……现在，去想象自己正置身金色的沙滩上，席地而坐，眼前是一片蔚蓝色的大海，一群穿着漂亮比基尼的女郎，在海滩上追逐嬉戏。海浪轻柔地拍打着金黄色的沙滩，蓝蓝的天空中，白云朵朵。你从随身携带的红色旅行袋里拿出一个柠檬，这柠檬是金黄色的，捏起来硬硬的，你感觉到带结球组织的皮以及两端较硬的蒂。现在，你拿出一把锋利的小刀，在柠檬上切开一道深深的口子，用力捏了捏柠檬，汁液从切口中流出，你使劲将它掰成两半，将其中一半柠檬拿到鼻子面前，闻一闻柠檬的香味，汁液流在你的手上，滴在你的腿上……现在，请张开嘴，咬一口这个柠檬。突然这时，一道白色的光束，从你的胸部正上方处直射下来，照在你胸口上……白光穿透了皮肤，充斥在你的肺部、心脏，白光充斥着你的胸腔，你的胸部闪闪发光……光束慢慢地扩散，逐渐笼罩全身，你全身都沐浴在白色的光芒中。白光美妙地波动，充满了你身体的每一个细胞、每一块肌

第三章
激活自己的全脑思维

肉、每一条神经，照亮了你的脊椎与全身的骨骼。白光带着宇宙强大的生命力注入你的血管，滋养你身体的每一个器官、组织。你的全身，从头到脚都散发出白光的光芒，像一簇光团一样明亮耀眼……你全身的能量都畅通了，充满了生命力。白光抚摸着你的心灵，你感到安慰与勇气；白光围绕着你，传达着宇宙对你永远的爱……现在，让你的身心向白光完全开放，让一切自然发生，所有经历都将对你有益。这次的经验正使你的身心产生美妙的转变，一切都会以对你最有益的方式发生，请轻轻地揉揉眼睛，准备睁开，迎接一个全新的自己。

通过上面这两段引导语的不断练习，我们的五觉感官就会逐渐被调动起来了。除了这样的方式之外，我们随时随地都可以训练自己的感官，比如到一个地方旅行之后，你就可以把在这个地方看到的、听到的、闻到的、摸到的、尝到的东西尽可能地一一记住并回忆，越生动、形象、仔细越好。如果没有时间出去旅行，你也可以抽点时间去一趟离家比较近的公园，仔细观察和聆听5分钟左右，然后再闭上眼睛，像放电影一样从头到尾把刚才自己见到的、听到的、感受到的、触摸到的以及闻到的一切活灵活现地在大脑中呈现。按照这样的方法，只要坚持每天练习，要不了多久，你的五大感官就会越来越灵敏，体验就会越来越丰富。

而这一切这正是我们希望得到的最佳结果，因为在全脑阅读训练中，调动的感官越多，就越容易找到学习的最佳状态，这种状态会让我们在阅读文章和书籍的时候，不断地提升阅读速度，还会让记忆的牢固度越来越高，当然了，你也会越来越喜欢全脑快速阅读。

画重点

⊕当身体抗议了,我们就应该立刻停下来,休息一下,用自我催眠式的情景引导解除身体的疲劳状态。

⊕自我催眠式的情景引导可以让我们迅速地进入最佳的学习状态。

⊕在全脑阅读训练中,调动的感官越多,就越容易找到学习的最佳状态。

第三章

激活自己的全脑思维

第九节　五感并用，环环相扣

2009年，我遇到了一位初中二年级的学生，这个孩子在学校里无法在老师规定的时间内完成需要背诵的课文，他的父母在一位家长的推荐下找到了我，希望我能帮助她的孩子。在跟孩子做过交流和一系列的测试过后，我发现这个孩子非常聪明，只是没有激发出对阅读的兴趣，在阅读的时候采取了心不在焉的方式来应付老师，所以背诵的结果就可想而知了。在清楚地了解学生的问题之后，我写了一个学习进阶提升计划给家长，在家长的支持下，我开始实施这个计划。这个计划的第一步就是激发孩子对背诵的兴趣，经过6个课时的训练，所有老师规定的课文他都能轻松地背诵下来，并且速度非常快，快到连老师都惊讶的地步。

这个学生是怎么做到的呢？主要是我对他进行了一个从单一词组到文章段落的五感并用、环环相扣的训练。为什么要从单一的词组开始训练呢？因为所有的课文都是由词组组成句子，句子组成段落，段落组合成整体文章，所以从词组开始练习，是非常关键的一步。这一步，对于全脑快速阅读训练来说，也是非常基础的一步，因为在这一步里包含了全脑快速阅读最核心的一个要点，这个要点就是记忆。

在我们采用全脑快速阅读方法阅读文章或者资料的时候，往往不是只需要记住一件事情或者一个知识要点就好，而是需要记住一个章节甚至是整本书的关键要点，如果遇到更专业权威的书籍，比如法律方面的资料，甚至需要我们在学习期间记住成千上万个知识要点，而且这些要点还不能出现丁点错误。如果不采用正确的记忆方法，只凭自己的理解，要在较短的时间里完整记住这些知识要点简直是天方夜谭。但如果你采取五感并用、环环相扣的方式记忆，把这么多看似枯燥的知识点一个一个地联结起来，背诵就变得简单而且还富有乐趣了。现在我们也来做做这样的练习，请看下面这些毫不相关的词组：

电话，饮水机，乌龟，厕所，书柜，爬虫，茶叶，保安，鼠标，图章，狼，奖杯，狐狸，订书机，报纸，汉堡包，兔子，收款机，薯条，恐龙，盆子，番茄酱，卓别林，拖把，玻璃门，自行车，孙悟空，头盔，老爷爷，军舰。

这些词组就好比是在阅读的时候眼睛提取出来的知识要点，我们将采用五感并用、环环相扣的方式快速地把它们完整地记下来：

想象一下：一个顽皮的孩子把电话扔进了饮水机里，饮水机里养着几只大乌龟，乌龟每天都吵着上厕所，厕所里面堆满了书柜，书柜里面到处都是黑乎乎的一种不知名的爬虫，爬虫正在咯嘣咯嘣地吃着茶叶，茶叶被一群保安泡水喝了，保安去电脑城买回了一个鼠标，鼠标上刻有一个金色的图章，图章被狼咬在嘴里，狼背上驮着一个奖杯，奖杯被狐狸摔坏了，狐狸去文具店买回了很多订书机，一个印刷工人用订书机在订报纸，报纸里面包着一个冒着香气的双层汉堡包，汉堡包的中间夹着一个剥了皮的兔子，兔子钻进了收款机里，收款机里喷出了许多金黄色的薯条，薯条被一群凶神恶煞的恐龙给吃掉了，恐龙的脚上都挂着五颜六色的大盆子，走起路来发出哐啷哐啷的声音，盆子里涂满了番茄酱，一个孩子把番茄酱泼在卓别林的头上，卓别林一手拖着行李，肩上还扛着一个拖把，拖把打破了玻璃门，玻璃门上还挂着一辆自行车，这辆自行车被孙悟空骑到西天去取经了，孙悟空翻跟斗的时候撞到头盔上，流了很多鲜红的血，头盔被一个走路颤巍巍的老爷爷戴在头上，老爷爷一边唱歌，一边驾驶军舰去打敌人。

第三章
激 活 自 己 的 全 脑 思 维

上面那些单一的词组经过一环扣一环的加工以后，每一个环节都变得非常生动，但这些生动的场景又不是我们经历过的，而是通过调动感官创造出来的一个个画面。现在，请你闭上眼睛，从第一个词组"电话"开始一直回想到最后一个词组"军舰"，怎么样？是不是记忆突然变得非常轻松了？

当然这只是我们练习的材料，不需要长期记忆，但如果这些词组是我们在阅读资料或者书本时找出的关键词或者关键要点的话，通过上面的方式一环扣一环地记忆后，再采用有规律的复习，这些资料就会形成长期记忆，不管什么时候，只要有人一提起"电话"，你的脑海里面就会浮现出这些经过加工后的场景，并能够逐一地复述出剩下的词组。

由于每个人在调用五感时的处理方式不一样，词组与词组之间组成的场景也会有所区别，这是正常的，这些组成的场景没有正确与错误的区别，唯一的要求就是你一定要记得下来，并能复述出原文来。例如，上面的这些词组我们还可以这样一环扣一环地联结起来：

一群孩子用许多条五颜六色的电话线吊起了一台饮水机，饮水机从天而降砸死了许多的乌龟，一群乌龟爬进厕所里面大声地歌唱，厕所被倒下来的书柜堵住了入口，一排书柜被一群长着六条大腿的爬虫啃烂了，一群人把爬虫捣烂了和茶叶拌在一起，一堆茶叶上面站着一群穿着制服的保安，马路上站岗的保安屁股上都吊着一个鼠标，鼠标被一个工艺大师雕刻成了一个漂亮的图章，一群猎人把图章捆在狼的背上，一只大灰狼用头去撞奖杯，金灿灿的奖杯被戴在狐狸的头上，狡猾的狐狸拿着订书机钉在自己头上，工人在订书机的中间都夹着一张报纸，一个奸诈的商人用报纸做成汉堡包销售，汉堡包把兔子噎死了，一只白色的兔子坐在收款机上睡觉，一群孩子在收款机里面做油炸薯条，一个美女拿着薯条去动物园喂恐龙，恐龙跷着二郎腿坐在盆子里，盆子是用各种各样的番茄酱做成的，番

"全想脑力提升书系"

快速阅读

茄酱从卓别林的嘴里像喷泉一样喷出来，卓别林在大腿上绑着拖把拖地，一个大力士用拖把扛起了一扇玻璃门，一扇五颜六色的玻璃门上画着奇形怪状的自行车，一辆自行车倒下来压死了孙悟空，孙悟空给每一个妖怪头上都戴上头盔，一个巨大的头盔里坐着一个白发苍苍的老爷爷，老爷爷使出全身的力气，大喊一声把军舰推到了大海里。

如果把刚才这一段联想和上面那一段做对比的话，我们就会发现，同样的词组，只要我们愿意调动五大感官，充分发挥自己的想象，就能创造出一些生动而富有魅力的情节来，这些情节会成为启动大脑思维的按钮，让我们在学习和阅读的时候产生更浓厚的学习兴趣，不管是多么深奥、难记的资料，我们都能松松、容易地记下来。

画重点

⊕从词组开始练习，是非常关键的一步，在这一步里包含了全脑快速阅读最核心的一个要点，这个要点就是记忆。

⊕采取五感并用、环环相扣的方式记忆，很多看似枯燥的知识点一个一个地联结起来，背诵就变得简单而且还富有乐趣了。

⊕由于每个人在调用五感时的处理方式不一样，词组与词组组成的场景没有正确与错误的区别，唯一的要求就是你一定要记得下来，并能复述出原文来。

第三章

激活自己的全脑思维

第十节　用头脑影院幻化故事

我一直很喜欢听评书，尤其是著名评书表演艺术家、国宝级评书大师单田芳先生的《三国》《隋唐》《明英烈》《林海雪原》《平原枪声》等，每一次听单老先生说评书，都是一种莫大的享受。为什么呢？因为听单老先生讲评书的时候除了能获取丰富的知识之外，更重要的是能充分调动起每一个感官，让人身临其境。在全脑快速阅读训练中，如果能把那些在文章中捕捉到的关键点像讲评书一样组成一个生动、活泼、幽默的故事，那我们学习起来不但轻松容易，而且还会更进一步地提升我们的记忆能力，在阅读的时候达到事半功倍的神奇效果。让我们从简单的例子开始练习吧：

商业法包括：公司法、合伙企业法、个人独资企业法、外商投资法、企业破产法、票据法、金融法、税法、保险法、海商法。

上面这些资料是很多法律系学生都非常害怕阅读和记忆的法律类条文，因为在大多数人的眼中，这些法律类的条文不光生硬难记，而且还需要在运用的时候保持100%的精准。但如果能打破固有的思维，把上面的这些法律条文资料，组成一个故事，那么这个被大多数人认为的记忆和阅读难题也就迎刃而解了。但在组成的这个故事中，我们要尽可能地激发想象力，调动视觉、听觉、嗅觉、味觉和触觉这五大感官，构建出一些具体的场景故事。所组成的场景故事越是鲜活生动，记忆的牢固度就会越强，最后根据这些关键点复述出原文就越容易。既然这些法律条文都是关于商业

"全想脑力提升书系"
快速阅读

方面的，那我们就以从事商业活动的经营为例子，展开故事的想象吧。好了，请开始我们的故事之旅吧。

想象：一个人想要从事商业（商业法）活动，也就是做生意，就到国家工商行政管理局去打听需要什么样的条件。工商局的工作人员告诉他要想顺利地拿到营业执照，首先得找到志同道合的人来一起成立一家公司（公司法），然后大家一起合伙经营这个企业（合伙企业法）。但没有多久，这个合伙人就撤资不干了，最后就只有他一个人独自经营（个人独资企业法）。有一天，在一个朋友的介绍下，他跟一个海外的商人（海商法）做了一次业务，这个商人对他非常欣赏，就以一个外商的身份给他这个公司投了（外商投资法）一笔钱。但由于缺少管理经验，这个他一手打造的企业遭到了一个客户的欺骗，导致有一笔巨额货款收不回来，坚持一段时间后，连工人的工资都差点发不出来，董事会商量后，只好宣布企业破产（企业破产法）了。他在关闭公司之前拿着剩下的票据（票据法）资料去国家税务大厅（税法）办理好手续，顺便到一家银行（金融法）去给所有的员工缴上当月的保险（保险法）。

现在请你将这个故事从头到尾认真地阅读一遍后，再让大脑像放电影一样把这个故事在脑海里面呈现出来。你会发现，你竟然在不知不觉中就把这些资料记下来了，而且这个故事还好像就发生在你身边一样，而这也是全脑快速阅读的另一个绝密要点——在自己的大脑里打造一个有关书本或者资料的影院。这是一种创造力的激发，只要你愿意启动全脑思维，大脑自然而然地就会越来越灵活。当然你还可以把自己的亲身经历或者身边的故事跟这些资料进行融合，也会起到同样的效果。

下面是全脑快速阅读训练课堂上的一个真实例子，有一个做水产品进出口业务的学员就是用亲身经历把商业法包含的内容幻化成了这样一个头脑影院：

第三章
激活自己的全脑思维

他从一个偏僻的小山村来到一个大城市读书学习，刚来的第一天，他就觉得这个城市非常繁华，马路两边有各式各样的店铺（商业法）在经营。他下定决心，等自己大学毕业后，在这个城市里面只要赚到了10万元钱就立刻成立一家公司（公司法），自己做老板。他的第一份工作是去一家保险公司推销保险（保险法），靠着一个人独自（个人独资企业法）在这个城市努力拼搏，三年后，他辞掉了工作，联合自己做保险时认识的一个在国内从事投资行业的海外华侨（海商法），合伙成立了一家企业（合伙企业法）。接着，以外商的身份投资（外商投资法）了一家国内快要破产的水产品销售企业（企业破产法），因为这家企业拥有大量的进出口票据（票据法），因此他们的这笔投资很快就获得了丰富的现金回报（金融法），当然也给国家贡献了不少的税收（税法）。

当一同训练的学员听完他的这个故事，不但记住了这些学习的内容，而且还对他的人生经历有了更进一步的了解。刚才的资料是法律的一些知识点，这些知识点比较短小，在阅读的过程中，不可能所有的资料都是这样的类型，如果遇到大段的资料又该怎么办呢，现在就来试试下面的这个例子吧。

合营企业解散的原因：合营期限届满；合营企业发生严重亏损，无力继续经营；合营一方不履行合营企业协议、合同、章程规定的义务，致使企业无法继续经营；因自然灾害、战争等不可抗力严重损失，无法继续经营；合同未达到其经营目的，同时又无发展前途；合营合同章程所规定的其他解散原因已经出现。

这段话主要讲的是合营企业解散的6大原因，我们运用头脑影院就可以完整地把这6大原因组成一个生动幽默的小故事，通过这个故事，我们就会把这个资料牢牢地存储在大脑里面。

想象：村里的张三和李四两个人共同在一起用6年的时间合作推广一

"全想脑力提升书系"

款畅销的饮料，今年是最后一年（合营期限届满）。由于市场不景气，他们没有赚到钱不说，反而还赔掉了自己所有的家产，双方都没有钱再投入经营了（合营企业发生严重亏损，无力继续经营），最后只好对公司的剩余资产进行清算。但对剩余的这些资产如何分配始终没有很好地解决，因为双方都觉得对方没有履行合同规定的义务（合营一方不履行合营企业协议、合同、章程规定的义务），尤其是那批出口到伊拉克的货物因为战争的原因到现在都找不见（因自然灾害、战争等不可抗力严重损失），这项大笔的出口合同自然也是把钱丢在水里，泡都不冒一个（合同未达到其经营目的，同时又无发展前途），既然现在没有办法继续经营，就只好按照公司章程中订立的相关规定把公司解散了（合营合同章程所规定的其他解散原因已经出现）。

　　看完上面列举出的这些例子，现在该你亲自上阵想象并在脑海中形成一个故事了。当然，经过自己的练习后，并不等于以后在采用全脑快速阅读的时候，你就必须把你看到的任何信息或者你看的每一本书中的细节都要去创造出一个故事来。创造头脑影院只是初级训练，这个初级训练可让我们以一种全新的思维方式去阅读和记忆。虽然在刚开始训练的时候，你会感觉到非常的不顺心，甚至有些别扭，但当你能熟练掌握这些训练技巧以后，阅读和记忆对你来说就已经成了一种优秀的学习习惯。现在，该你来做尝试了，请做下面的练习。

　　1. 依法治国的重要意义：实行依法治国的基本方略，有利于加强和改善党的领导；实行依法治国是实现人民当家做主的根本保证；实行依法治国是发展社会主义市场经济的客观需要；实行依法治国是社会文明的重要标志；实行依法治国是国家长久治安的重要保障。

第三章

激 活 自 己 的 全 脑 思 维

你的头脑影院故事：

2. 下列民事行为无效：无民事行为能力人实施的；限制民事行为能力人依法不能独立实施的；一方以欺诈、胁迫的手段或者乘人之危，使对方在违背真实意思的情况下为的；恶意串通，损害国家、集体或者第三人利益的；违反法律或者社会公共利益的；经济合同违反国家指令性计划的；以合法形式掩盖非法目的的。

你的头脑影院故事：

画重点

⊕所组成的这个场景故事越是鲜活生动，记忆的牢固度就会越强，最后根据这些关键点复述出原文就越容易。

⊕创造头脑影院只是初级训练，这个初级训练可让我们以一种全新的思维方式去阅读和记忆。

⊕全脑快速阅读的另一个绝密要点——在自己的大脑里打造一个有关书本或者资料的影院，这是一种创造力的激发。

第四章

运用超级思维图卡

第四章

运用超级思维图卡

第一节　读书前的四个提问

非常高兴你能把前面的章节都仔细阅读并按照我讲述的方式进行了练习，现在，我们就开始进行全脑快速阅读法的进阶训练，即如何让阅读过的资料在大脑里形成长期记忆。

在前面，我们花了很大的篇幅去讲如何提升我们的注意力和全脑思维能力，我在这里真诚地希望你按照我讲述的方法每天坚持练习30分钟左右，我相信只要你把每天浪费的30分钟左右的时间利用起来，不但可以让自己对阅读保持专注，而且还会快速达成自己想要达成的目标。

不过悲哀的是，在这么多年的教学中，我发现有80%的人对任何事情都保持了关注，而不是专注，所以有很多人因为关注了不同的话题就买回来了不同类型的书，却因为没有专注，买回来的书没有一本从头到尾真正读完过，更别提复述书本中讲述的内容了，很多人把书当成了镇静剂——在失眠时候才用到，这是一种极度的浪费。

更悲哀的是，有超过95%的人根本不知道怎么去阅读，更别说分享阅读带来的乐趣和收获了。要想解决这个问题，在全脑阅读训练中除了要熟练掌握最重要的超级思维图卡之外，还需要问自己四个问题。这四个问题的自问自答，可以改变你的阅读习惯，让你从之前的被动阅读的思维转换到主动阅读的思维，到这时，你在阅读时就不只是满足自己的好奇心了，而是通过全脑阅读，增进对书本内容的理解，得到丰富的知识资产。那到底需要问自己哪四个问题呢？

"全想脑力提升书系"
快 速 阅 读

1. 阅读这本书出于什么目的？这个问题是阅读一本书最核心的问题，很多人在购买图书的时候没有弄清楚这个问题，因此买回去的书都直接堆在书架上成了展览品。为什么要阅读这本书呢？我在课堂上曾问过上千名的学员，他们给出的答案千奇百怪，也许你现在也可以答出成千上万的理由，但经过仔细的梳理，你会发现，所有的这些答案或者理由无非就两种：一是跟风想了解一下；二是想从书中寻求答案并解惑，为我所用。如果你是第一种，我建议你不要购买，因为这样除了会增加图书的销量之外，对自己没有任何的帮助和成长。如果你是第二种，真的要恭喜你，如果你正在练习并提升自己的全脑快速阅读能力，这本书正是你需要的。

2. 这本书讲了哪些内容？在阅读的时候，一定要想办法弄清楚这个问题，弄清楚了这个问题，你就了解了这本书的大概框架，阅读起来就容易得多。

3. 这本书的要点，哪些对自己是重要的，哪些对自己来说是不重要的？这一点直接关系到阅读这本书的速度和效率。一本书中，肯定有许多要点，也正是因为这些要点导致每个阅读者的关注点不一样。对阅读者来说，如果某一些要点是你必须掌握、需要重点学习的，那就必须采用精读的方法。如果某一些要点对你来说不必要掌握，只需要稍加了解，则可以采取略读的方法。

4. 能否对自己阅读的内容做清楚明了的阐述？在阅读的时候，不管是什么类型的书，都会传递给我们一些资讯，这些资讯的内容和意义及其他相关的含义或者建议、启示在阅读后是否能被清晰明了地阐述，是衡量一个阅读者对图书内容有没有掌握的唯一标准。如果你在阅读后，既不能清晰地阐述，又不能精准、正确地回答与书本内容相关的问题，这显然不是阅读，充其量只是做了一个翻书的动作而已。

以上这四个问题是对一个阅读者提出的最基本要求，同时也是阅读一

第四章

运 用 超 级 思 维 图 卡

本书的最基本规则。这四个问题是层层递进的关系，在采用全脑阅读的时候，你必须首先从第一个问题开始着手准备，当你努力提出问题并找出了答案后，你就向成为一个高效的主动阅读者迈出了最坚实的一步，同时这一步也是被动阅读者与主动阅读者之间最根本的区别。

当然，光知道这四个问题还不够，在采用全脑阅读时，你还必须把自己欠缺的技巧提升一下。这些新的阅读技巧能够让你阅读得更快、更好、更加轻松，进而在阅读的时候轻松战胜自己，把在全脑快速阅读训练中获得的能力当做自我提升的艺术，这艺术也可以说是阅读的艺术。讲清楚这些，现在就该开始学习并运用超级思维图卡了。

画 重 点

⊕80%的人对任何事情都保持了关注，而不是专注。

⊕四个问题的自问自答可以改变你的阅读习惯，让你从之前被动阅读的思维转换到主动阅读的思维。

⊕如果一本书中的某些要点是你必须掌握、需要重点学习的，那就必须采用精读的方法。

"全想脑力提升书系"
快速阅读

第二节 把握书本整体骨架

  在学习运用自己制作的超级思维图卡之前，还需要你花上一点时间，迅速地把一本书的整体骨架找出来，这样就可以在还没有仔细阅读一本书之前，依照这个找出来的骨架以自己独特的视角去透视这本书。这一过程，其实就是如何让一本书真正属于你自己的过程。你购买了一本书，就是为自己购买了一份丰富、即时的知识资产，但这份资产对你来说，光付了钱，还不算你就拥有了，真正的拥有是必须把这本书中讲述的知识、经验变成自己的一部分，只有这样，才算是真正地掌握了全脑快速阅读的精髓了。如果你上过我的超级记忆训练课程，这一过程，你完全可以在自己的脑海中完成，如果你暂时还做不到直接在脑海中完成也没有关系，只要你拿出一支笔和一张纸，运用超级思维图卡，就能轻松地完成。

  俗话说得好："读书，必须读出言外之意，才会有更大的收获。"要读出言外之意，对于阅读者来说，就必须拥有一双像X光般的透视眼，快速扫描出一本书的骨架。任何一本书都有属于自己的骨架，不管是诗集、小说、杂文集，还是时事政治类书籍，如果没有这个骨架，就难以成书了。那如何才能快速地找出一本书的骨架呢？我总结了两个方法，一是要清楚地理解作者写这本书的意图；二是仔细阅读书本的内容提要。现在，我就来具体讲述这两个方法。

  第一个方法：要清楚地理解作者写这本书的意图。通常在全脑快速阅读一本书的时候，我们不需要只靠自己的理解去发掘书本的骨架，仔细阅

第四章

运用超级思维图卡

读一下这本书的前言或者后记部分就可以了，因为在前言或者后记里，作者都会把写这本书的意图和对你的帮助说清楚。但这里所说的清楚并不一定是直截了当的阐述，有可能是用一个接一个的问题来辅助你寻求或者说找到这本书的意义。比如在我的《超级记忆力训练法》（畅销升级版）这本书中，前言的标题就是"我为什么要写这本书"，这就是提出一个问题并通过后面的文字来解答，读者只要跟着这个问题进行阅读，很快就会找到想要的答案。在这本书里，我表达的写作意图很简单，在前言的开头部分和结尾部分都有清晰的描述：

是因为我想为自己将近13年的脑力潜能开发培训做一个总结，同时也可以通过本书把脑力潜能开发培训和各位亲爱的读者朋友做一个有效的联结和融合。

……

在本书中，你将学到快速提升记忆力的方法及技巧，来记住那些在日常生活中你想要记忆的资料，轻松记忆英语单词、法律条文、文章、古文、长串的数字，也可以学到如何脱稿演讲半小时，瞬间记住重要的谈判论据及人物信息，轻松应对考试压力，还可以增强学习自信心和提升工作效率70%以上，迅速提升你的思维效能。

虽然有如此清晰的阐述，但还是有相当一部分的读者，在平时阅读书籍的时候，轻易地跳过前言或者后记部分，直接进行正文部分的阅读。这其实是一种非常荒谬的阅读方式，很多人自以为聪明，总认为自己可以从作者写的内容中去找出作者的写作意图，在教学中，我发现中文系的学员大多会如此。

第二个方法：仔细阅读书本的内容提要。一本书的内容提要，其实就是隐藏的骨架。一本书的内容提要是否条理井然或者清楚明了，其实就是衡量一个作品优秀与否的基本准则。但在大多数读者的眼中，按照自己传

"全想脑力提升书系"

快速阅读

统的阅读方式，内容提要根本就不是阅读的重点，而在全脑快速阅读训练中，花上5分钟的时间，仔细阅读一本书的内容提要，就等于把握住了这本书的基本脉络，这个基本脉络能够加深读者对这本书的认识。当你在脑海中记牢了内容提要，对你正在阅读的这本书来说，不管它讲述的详细内容有多么深奥，你已经完成了全脑快速阅读的第一个浏览阶段。例如，在阅读莫言的小说《透明的红萝卜》时，如果你能先阅读一下内容提要，再采用全脑快速阅读的方式通读一遍全文，那你得到的收获要大得多。现在我们来看看这本小说的内容提要：

一个12岁的"黑孩"在运河工地里干活，因饥饿难耐，到旁边的菜地里拔了一根红萝卜充饥，被看田人当场捕获，押送到工地，工地负责人专门为此召开一次可怕的批斗大会。上百人围着一个12岁的小孩子，高呼口号，必欲灭之而后快。"黑孩"后来钻进麻地里，像一条鱼一样游走了。他看到了一幅奇特美丽的图画：光滑的铁砧子，泛着青幽幽的光。泛着青幽幽光的铁砧子上，有一个金色的红萝卜。红萝卜的形状和大小都像一个大梨，还拖着一条长尾巴，尾巴上的根根须须像金色的羊毛。红萝卜晶莹透明，玲珑剔透……

这一段简单明了的内容提要，非常清晰地解答了一个关键问题：这本书谈论的是什么？对于任何一个阅读者来说，是否能从阅读的书本中得到这个问题的答案，就在于你的阅读目的：是为获得资讯而阅读还是为了增进理解而阅读？为获得资讯而阅读的话，我们可以使用全脑快速阅读法去大量阅读报纸、杂志或者其他新闻资讯；如果是为了增进理解而阅读，那就必须结合作者给出的内容提要，把自己融入角色里面去，给自己身临其境的感觉，好像自己就是书中所讲述情节的主人公或者其他的角色，要获取这种感觉只需要做到"假装做到，好像是"这七个字就够了。

但凡事都有例外，有些书是没有内容提要的，这就需要我们从一本

第四章
运用超级思维图卡

书的书名入手进行阅读。比如达尔文的《物种起源》，一看这个书名，我们就大概知道这本书的内容了。它向我们讲述的是在自然界中，许多的植物、动物一开始都是从少量的族群繁衍的。因此，在阅读时遇到没有内容提要的图书，只要根据书名去想想其中的含义，就可以让我们在开始阅读之前就获得这本书的一部分资讯。就是这看似不起眼的小部分资讯，足以让人回答"这是一本什么样的书"这一问题了。如果你看过亚当·斯密的《国富论》，这种感觉一定会更加明显。

画重点

⊕ 全脑快速阅读的精髓是把这本书中讲述的知识、经验变成自己的一部分。

⊕ 要快速地找出一本书的骨架，一是要清楚地理解作者写这本书的意图；二是仔细阅读书本的内容提要。

⊕ 没有内容提要的书就需要我们从一本书的书名入手进行阅读。

第三节 构建图书的知识网络结构

找出了图书的骨架,还不足以制作出一本书的超级思维图卡,我们还必须通过这些骨架去把握这本书的知识网络结构。

一本书和一篇文章的知识网络结构完全不同,相对于一篇文章来说,一本书的知识网络结构要好构建得多。但不管怎么样,首先必须在中心主题的周围确立好每一个主干分支,这些主干分支就是中心主题的延展。通过这些分支,我们就可以把这本书的知识网络结构一一呈现。

当然,同样一本书,由不同的人来构建知识网络结构,内容有可能是不一样的,这并不是因为每个人的思维不一样,而是每个人对知识点的截取不一样,有些人会抓住整体,有些人只抓住一部分内容就可以掌握。但不管怎么样,构建图书的知识网络结构可以让我们掌握全书各个章节与组成部分,方便更好地理解全书的内容。

这些阅读图书和文章的技巧对于一个掌握了全脑快速阅读方法的人来说,是非常轻松就能完成的,但对于很多刚开始接触全脑快速阅读的人来说,要完整构建一本书的知识网络结构还是有难度的,所以必须掌握下面三个技巧,这三个技巧对于制作一张完整的超级思维图卡,是非常重要的功课。

第一个技巧:仔细浏览书本的目录部分。

一本书的目录部分就好比是一个人的骨骼,这个骨骼支撑起这本书的全部内容。如果要更形象的比喻的话,书的目录就好比一棵树的枝干。目

第四章

运用超级思维图卡

录中的每一个章节看似分散，各不相干，但从整体来看，它们又是相互融合的有机体。如果没有这些目录内容的相互联系，这本书一定不会形成整体。图书中的目录内容，就好比一堆沙土、一堆砖块、一堆水泥依次堆放在那里，只需要一个建筑工人运用适量的水对它们进行融合，一栋漂亮的房屋就能修建起来。而这个建筑工人就是我们这些刚刚接触全脑快速阅读的初学者，而水就是我们要制作的超级思维图卡。其实，仔细浏览图书的目录部分，不但可以整理出清晰的逻辑脉络，还可以帮助我们更好地理解与吸收更多的新知识。通过这样的方式，我们阅读任何一本书既不会让大脑产生抵触感，又能在阅读的过程中激活既有的知识网络，使我们对书本内容的记忆更加牢固。

第二个技巧：运用导读。

这个技巧只适用于对一本书的外在阅读。什么叫做外在阅读呢？现在很多的出版社为了保证书籍的整洁性或者其他原因，常常把印刷出来的新书用塑料薄膜或者其他的材料密封包装起来，这样就会导致读者在购买之前无法直观地翻阅书本的内容，怎么解决这个问题呢？出版社就想出了一个办法，那就是针对这本书出一本阅读手册或者阅读指南，阅读手册或者阅读指南上的内容就是导读。虽然导读的内容非常少，但你还是可以通过这些导读了解这本书的一些重点内容，对于读者来说，一篇导读就是一本书浓缩出来的精华。除非某些编辑出于某些原因，硬生生地把导读内容写成了悬疑剧，这样看似可以快速地吸引读者的眼球，但实际上反而会让很多读者对这本书的内容出现理解上的偏差，甚至曲解。

在阅读导读的时候，应尽可能地阅读出版社编辑写的导读，因为出版社编辑写的导读会尽可能地紧贴原作者的思想。如果这本书的导读是后来的阅读者写的，在阅读的时候就需要注意一下了，为什么呢？因为你容易受到导读的误导，从而影响到自己对图书内容的吸收和判断。发生这样的状况，原因就在于你没有阅读过全书，大脑很容易出现先入为主的思想，被这位读者写的导读带进了他的世界里而偏离了作者的中心思想。如果你在阅读全书后再去读这位读者写的导读，你就可以把自己对这本书的判断，和这位读者写的导读结合起来，会有一些新的发现。

第三个技巧：浏览别人的读后感。

这个技巧适用于我们没有购买纸质图书时，在网络上了解一本书的主要内容。不管哪一类型的书，只要有人阅读后写出了自己的感想，就成了我们了解这本书的知识结构网络的一个窗口。因为读后感有一个重要的特点，就是能够概括作品的主要内容，但这里讲的概括不等于复述，很多高水平的读后感在对一本书的主要内容进行概括处理的时候是非常简洁明了的。高水平的读者在写读后感的时候一般会采用边读边议的写法，一边引用书中某些精彩的词句，一边谈自己的阅读感受，甚至有些人还会揣摩作者的表达顺序，体会作品的思想感情，思考作者的写作意图，甚至会质疑书中的一些观点，因此他们对书中内容的看法和观点表达往往前后一致。这样的读后感给我们的帮助就很大，因为真实、自然，对我们进行全面阅读理解更有意义。

以上这三个技巧，在全脑快速阅读的时候对我们的帮助会在阅读效果中显著地体现。如果运用这三个技巧，整理出一本书的知识网络骨架，再配合关键词的使用制作出一张超级思维图卡，那我们在采用全脑快速阅读的方法阅读一本书，回答跟这本书的内容相关的问题时，答案的精确度就会高得多。

第四章

运 用 超 级 思 维 图 卡

画 重 点

⊕仔细浏览图书的目录部分，不但可以整理出清晰的逻辑脉络，还可以帮助我们更好地理解与吸收更多的新知识。

⊕在阅读导读的时候，应尽可能地阅读出版社编辑写的导读，因为出版社编辑写的导读会尽可能地紧贴原作者的思想。

⊕除了浏览图书目录和阅读导读之外，浏览别人的读后感也是完整构建一本书的知识网络结构的方法。

第四节　提取关键字词方法（1）

经过前面两个小节的练习，我们已经能够就中心主题发散出第一层的主干分支了。而这个主干分支就是我们前面说的整本书的骨架，而知识网络结构不是主干，它是由主干发散出来的分支，也可以叫作第二层分支，甚至第三层、第四层、第五层分支。在制作超级思维图卡的时候，分支越多，说明这本书的知识网络结构越复杂，但这种复杂不是为了追求篇幅人为造成的，而是它表达的内容比较丰富，导致我们需要处理过多的关键词或者关键字造成的。

当然，我们在处理关键词或者关键字的时候要注意，一本书中，并不是作者的每一个字、每一句话都很重要，更恰当地说，作者在一本书中使用的文字大多数都不重要。除非作者写的是非常专业的书，非要用一些特殊的文字来阐述某某尖端科技成果的结构、操作流程以及使用方法，在这种特定的前提下，对阅读者来说，书本中的每一个字、每一句话都显得无比重要。而在平常的阅读过程中，我们关心的是在一本书中，哪些文字比其他的文字更重要一些，而我们认为的这些重要的文字就是在制作超级思维图卡中要采用的关键字或者关键词。

在教学中，很多学员在进行到这一步的训练时都显得非常苦恼，在改变了传统的一字一读的阅读方式后采用全新的全脑快速阅读时，他们会变得非常痛苦，这种痛苦来源于他们在快速扫视文章或者图书内容的过程中，无法有效地提取出关键字或者关键词。这并不奇怪，原因就在于采

第四章
运用超级思维图卡

用了全脑快速阅读，视觉系统和右脑的图像处理系统却无法有效地整合记忆，因此就无法了解和理解那些文字及段落，当然也就无法弄清楚哪些是作者要表达的关键词了。

针对这样的现象，在全脑快速阅读训练的开始阶段，我会要求学员放慢阅读节奏，并在阅读的过程中把那些让人觉得头痛的文字当成要提取的关键字，但这种方法只适用于全脑快速阅读的初级阶段。随着练习的不断进步，要想在超级思维图卡中熟练运用关键词，首先必须学会两种方法，以便更加迅速地找出关键词。

第一种方法：找出句子或者段落中的名词、动词、专门用语及特殊词汇。

首先来说说名词。选择名词作为关键词给我们带来的最大的好处就是一听到这个词语，大脑中就立刻出现一个立体鲜明的形象，让我们在记忆的时候变得轻松、容易。例如，一旦有人说出"游泳"这两个字，我们的大脑立刻就会闪现出游泳的场景、动作以及浪花四溅的情景。因此，用名词作为制作超级思维图卡的关键词不会让我们产生错误的认知。以《小燕子》这篇文章的一个段落为例，让我们试着找出名词关键词：

一身乌黑光亮的<u>羽毛</u>，一对俊俏轻快的<u>翅膀</u>，加上剪刀似的<u>尾巴</u>，这就是活泼机灵的<u>小燕子</u>。二三月间，<u>微风</u>轻轻地吹拂着，<u>毛毛细雨</u>从天上洒落下来。千万条<u>柔柳</u>展开了鹅黄色的嫩叶。青的<u>草</u>，绿的<u>叶</u>，各色鲜艳的花，都像赶集似的聚拢来，形成了烂漫无比的<u>春天</u>。<u>小燕子</u>从南方赶来，为春光增添了许多生趣。

对于上面的例子，是不是觉得找出这些名词非常容易呢？好，你也来试试吧，在下面这段文字中找出名词关键词，并在关键词的下面标注上横线：

进了颐和园的大门，绕过大殿，就来到有名的长廊。绿漆的柱子，红

"全想脑力提升书系"

快速阅读

漆的栏杆，一眼望不到头。这条长廊有七百多米长，分成273间。每一间的横槛上都有五彩的画，画着人物、花草、风景，几千幅画没有哪两幅是相同的。长廊两旁栽满了花木，这一种花还没谢，那一种又开了。微风从左边的昆明湖上吹来，使人神清气爽。

  接着我们来说说动词。动词跟名词不一样，选择名词作为关键词虽然有鲜明的图像，但这个图像有时候会显得有点呆板，不够活泼。例如，一提到"皮鞋"这个名词时，大多数的人脑海中就会想到家里的鞋柜里放置的那双，鞋柜里面的皮鞋是静止不动的，所以缺少动态的美感。而动词恰恰可以运用一种动态的情景弥补名词的这个不足之处。例如，一听到"跳"这个词，我们的大脑就会努力搜索出一个动态的场景，这个场景能迅速聚焦注意力，引起我们的注意，使我们在复习超级思维图卡的时候，更加轻松和容易。现在我们就来找出《小燕子》这篇文章的另一个段落中的动词：

  在微风中，在阳光下，燕子<u>斜</u>着身子在天空中<u>掠过</u>，"唧"的一声，已由这边的稻田上，<u>飞</u>到了那边的柳树下了；还有几只<u>横掠过</u>湖面，剪尾或翼尖偶尔<u>沾</u>了一下水面，那小圆晕便一圈一圈地荡漾开去。几对燕子<u>飞</u>倦了，<u>落</u>在电线上休息。在蓝天的映衬下，电线杆之间<u>连</u>着的几痕细线，多么像五线谱哇。停着的燕子成了音符，<u>谱出一支春天的赞歌</u>。

  现在该你尝试了，请找出下面这段文字的动词关键词，并在关键词的下面画上横线。

  五位壮士一面向顶峰攀登，一面依托大树和岩石向敌人射击。山路上又留下了许多具敌人的尸体。到了狼牙山峰顶，五位壮士居高临下，继续向紧跟在身后的敌人射击。不少敌人坠落山涧，粉身碎骨。班长马宝玉负伤了，子弹都打完了，只有胡福才手里还剩下一颗手榴弹。他刚要拧开盖

第四章

运 用 超 级 思 维 图 卡

子,马宝玉抢前一步,夺过手榴弹插在腰间,他猛地举起一块磨盘大的石头,大声喊道:"同志们!用石头砸!"顿时,石头像雹子一样,带着五位壮士的决心,带着中国人民的仇恨,向敌人头上砸去。山坡上传来一阵叽里呱啦的叫声,敌人纷纷滚落深谷。

最后再来说说专门用语及特殊词汇。专门用语是指专门设定在某一个特定的行业或者情景里才会使用的词语,因为不适用于其他的场景或者领域,因此一旦设定了,几乎就是无法更改的。例如,在学习计算机编程的时候,我们常常会听到老师脱口而出的"Java""C语言""C++"之类的词语,这些都是专门用语。但选择专门用语作为关键词需要我们对这个行业有一点了解,否则要在文章或者资料中分辨出专门用语可不是那么容易的事情。请看下面的例子:

如果你是一个经验丰富的C++程序员,那就最好了,学习Java简直不费吹灰之力。因为Java承C/C++语法和许多C++面向对象的特性,大多数程序员在学习Java时都不会觉得太难。

看到上面的这段话,如果你对计算机编程一窍不通,我相信你是很难真正地理解上面这段话所表达的意思的,因为这里面的一些词汇也许我们听都没有听说过。但如果你稍微懂点计算机编程知识,那找出这其中的专门用语就是非常简单的事情了。

如果你是一个经验丰富的<u>C++程序员</u>,那就最好了,学习<u>Java</u>简直不费吹灰之力。因为<u>Java</u>承C/C++语法和许多<u>C++</u>面向对象的特性,大多数程序员在学习<u>Java</u>时都不会觉得太难。

上面这些用横线标注出来的词语就是我在这段文字中找出来的一些我认为合适的专门用语关键词。当然,你也可以有不同的见解,但前提是你找出来的关键词一定隶属于刚刚谈论到的那几种词性。

"全想脑力提升书系"

快速阅读

画重点

⊕在全脑快速阅读的初级阶段,可以把阅读的过程中那些让人觉得头痛的文字当成要提取的关键字。

⊕选择名词作为制作超级思维图卡的关键词不会让我们产生错误的认知。

⊕选择专门用语作为关键词需要我们对这个行业有一点了解,否则要在文章或者资料中分辨出专门用语可不是那么容易的事情。

第四章

运用超级思维图卡

第五节　提取关键字词方法（2）

第二种方法：归纳整理关键词。

归纳整理关键词是科学学习的重要方法之一，这种方法可以让我们从作者复杂的文字堆砌中迅速地找出自己想要学习的重点知识。

例如，我们需要对一本书或者是一场讲座的讲义进行记忆，如果不采用归纳整理关键词这一方法的话，就必须把大量的线性文字几乎一字不落地通通塞进大脑里，这样不但会阻碍和降低左脑的工作效率，而且还很容易让我们在复述这本书的内容及讲义的时候失去逻辑脉络，那效果肯定也就不尽如人意了。如果长时间采用这种线性的死记硬背方式，你就会渐渐失去学习的兴趣。

但有时候面对一篇文章或者资料，看似只记住了零零散散的几个字或者几个词、几个关键的句子，却让我们对文章或者资料的内容在大脑里记忆得更加持久和牢固。其实这就是采用了归纳整理关键词的方式，把大篇幅的文字资料进行压缩整理，形成一个个可以辐射四周内容的关键词或者关键句（见下图），再结合自己既有的知识网络，大大减轻了大脑的记忆量，记忆就变得轻松了。

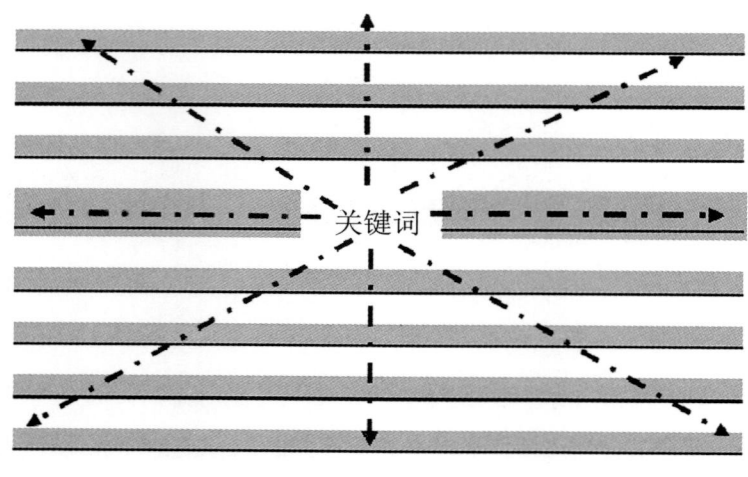

关键词辐射范围

在这里不得不提醒一下，在采用归纳整理关键词的时候，我们必须掌握一个关键要领：二八法则，也有人把它称为"马特莱法则"。

什么是二八法则呢？它是19世纪末20世纪初的意大利经济学家和社会学家维弗烈度·帕累托提出的。他经过长期对群体的研究发现：在任何特定群体中，重要的因子通常只占少数，而不重要的因子则占多数，只要能控制住具有重要性的少数因子即能控制全局。换句话来说，在特定群体中会出现一个典型的情况：80%的价值来自20%的因子；其他80%的因子只带来20%的价值。

根据这一理论延展，我们就可以把归纳整理出来的关键词进行进一步浓缩，去掉那些不太重要的甚至是可有可无的80%，让剩余20%的精华发挥出最大的价值。但要注意的是，在进一步浓缩时不要改变原有的意义，否则，我们就会丢掉重点，当然也就无法掌握文章及资料的核心内容了。

现在，我们就从简单的句子开始练习，然后再过渡到文章的段落。看看下面这5个例子吧：

第四章
运 用 超 级 思 维 图 卡

1. 清晨的阳光柔和地抚摸着一望无际的土地。

2. 五彩缤纷的焰火在夜空中构成了一幅美妙无比的图案。

3. 在农民们的辛勤劳动下，今年小麦的长势十分喜人。

4. 那天傍晚，当轮船航行在相模滩的海面上时，那男人和他的妻子一起，带着他们的长子来到那位妇人的舱房。

5. 1955年9月17日，经过长达五年的斗争，钱学森、蒋英和他们的两个孩子，终于胜利地乘坐轮船驶向东方的祖国。

上面这5个句子，如果采用归纳整理关键词的话，记忆就非常容易了，依次可以归纳整理出这样的关键句子：

1. 阳光抚摸着土地。

2. 焰火构成了图案。

3. 小麦的长势喜人。

4. 男人和妻子来到舱房。

5. 钱学森、蒋英和孩子乘坐轮船驶向祖国。

看完上面的例子，现在请试着将下面的段落归纳整理关键句，但又不要失去原来要表达的意思：

1. 在10月1日上午举行盛大阅兵式之后，天安门广场将举行以"我与祖国共奋进"为主题，共设"奋斗创业""改革开放""世纪跨越""科学发展""辉煌成就""锦绣中华"和"美好未来"7个部分组成的群众游行。

你的答案：

2. 在浩茫无际的大千世界上，在林林总总的植物中，燕园的这一棵古藤，实在渺小得不能再渺小了。

你的答案：

"全想脑力提升书系"

快速阅读

3. 1979年春，中国科学院武汉水生生物研究所的科学家，经过385天59代连续传代培养后，用直径10微米左右的玻璃管在显微镜下从培养细胞中吸出细胞核。

你的答案：

4. 她的可爱的性格，她的努力的精神，她的能干的才情，都埋没在封建社会的一个家族里，都葬送在没有什么意义的事务上。

你的答案：

5. 自然界的许多动物，在正常情况下都是依靠父方产生的雄性细胞（精子）与母方产生的雌性细胞（卵子）融合（受精）成受精卵（合子），再由受精卵经过一系列细胞分裂长成胚胎，最终形成新的个体。

你的答案：

6. 1996年2月27日出版的英国《自然》杂志公布了爱丁堡罗斯林研究所威尔莫特等人的研究成果：经过247次失败之后，他们在1995年7月得到了一只名为"多利"的克隆雌性小绵羊。

你的答案：

7. 为了应对国际金融危机对我国的不利影响，2008年11月，中央政府制定出台了扩内需促增长的十大措施以及4万亿元的投资计划。

你的答案：

8. 为了让每一笔中央投资落到实处，2009年5月，全国人大常委会正式启动"对中央政府部分重大公共投资项目实施情况专题调研活动"。

第四章

运用超级思维图卡

你的答案：

参考答案

1. 天安门广场将举行游行。

2. 古藤渺小。

3. 科学家吸出细胞核。

4. 性格、精神、才情埋没在家族里，葬送在事务上。

5. 动物是个体。

6. 杂志公布成果：他们得到了绵羊。

7. 中央政府出台了投资计划。

8. 全国人大常委会启动"调研活动"。

画重点

⊕归纳整理关键词的时候，我们必须掌握一个关键要领：二八法则，也有人把它称为"马特莱法则"。

⊕把大篇幅的文字资料进行压缩整理，形成一个个可以辐射四周内容的关键词句，可以大大减轻大脑的记忆量。

⊕要注意的是，在进一步浓缩时不要改变原有的意义，否则，我们就会无法掌握文章及资料的核心内容了。

第六节　厘清关键词之间的逻辑关系

在采用传统的线性笔记记录一些要点的时候，由于有些要点根本不是关键词或者关键句，而是一个多达几十个字甚至是上百字的段落，在这么多的文字中想要直接表现出各个要点之间的逻辑关系，就不是那么容易了。

例如，在学习平面几何的时候，我们学过勾股定理。按照传统的笔记方式，我们对这个定理书面解释的要点应记录为：平面上的直角三角形的两条直角边的长度（古称勾长、股长）的平方和等于斜边长（古称弦长）的平方。反之，若平面上三角形中两边长的平方和等于第三边边长的平方，则它是直角三角形（直角所对的边是第三边）。如果在记录这个定理的时候还需要运用一些算式来辅助说明的话，我们的笔记则会密密麻麻地写满一张纸，在这样凌乱的空间里去找出逻辑关系则会更加凌乱。

因此，很多学员在熟练掌握了提取关键词的技巧之后，觉得可以和整本书的知识网络结构结合起来，这样就能快速完成超级思维图卡了，其实不然，我们还差最关键的一个步骤，那就是迅速厘清关键词之间的逻辑关系。

怎么才能理清楚关键词之间的逻辑关系呢？首先你得在整理出来的关键词或者关键句之间达成一个共识，这个共识就是根据文章或者图书内容确立好主旨与分旨。主旨即是主干关键词，分旨则是各分支及细化分支的关键词。

按照正常的逻辑关系，在文章的开头就出现的关键词大多数都会是主干关键词，文章末尾出现的关键词大多数是各分支及细化分支的关键词，

第四章
运 用 超 级 思 维 图 卡

但在某些情况下,出于对内容设置及更好地运用超级思维图卡的需要,末尾出现的关键词反而成了主干关键词。

因此,在确立主旨与分旨的时候一定要采用整体大于局部的策略,借助整体与局部之间的关系,对关键词或者关键的句子进行适当的排列,这样既符合发散思维的原则,又能展示出我们对文章或者图书的了解。

完成这个步骤后,在制作超级思维图卡的时候,所使用的关键词与关键词之间就能形成一个有效的整体,这个整体既能分清楚主干与分支之间的层次关系,又能按照一定的逻辑联结组成文章或者图书的主要内容,方便以后的查阅及复习。做到这样,才算完成了制作超级思维图卡的准备工作。

画重点

⊕制作超级思维图卡,除了熟练地提取关键词外,还要迅速厘清关键词之间的逻辑关系。

⊕主旨即是主干关键词,分旨则是各分支及细化分支的关键词。

⊕按照正常的逻辑关系,在文章的开头就出现的关键词大多数都会是主干关键词。

第七节　超级思维图卡的制作步骤

在第一章中，我们已经了解到在采用全脑阅读方法时大脑的工作模式，而在这个模式中最重要的一点就是处理信息。我们的视觉系统把书本上的文字"扫描"进大脑以后，大脑右半边的区域就开始按照一定的程序来进行图像化的转换，右半区域对文字的图像化转换处理越是清晰，阅读的效果就会越好，当然，我们在复述内容的时候就会越详尽。在这时候，我们就可以利用人类右脑与生俱来的图像运作机制，再加上一个超强的思维图卡，让阅读的步骤和思维更加清晰，也就能更进一步地提高阅读的效率和速度了。

阅读过我前一本书《超级记忆力训练法》（畅销升级版）的读者应该都非常清楚，一个人之所有拥有超强的记忆力能力，就是因为他对图像的处理能力非常强。其实这是人的本能，每个人都拥有这种能力，只是有些人没有加以运用而已。研究发现，在现在这个科技非常发达的时代里，人类的大脑相比人类文明起源的时候，在某些功能和思维上已经有了一定程度的退化，这一切都源于现在的人类开始渐渐适应了一种叫作"自动化"的傻瓜式功能。

而在文明发展之初，人类的老祖先们根据一次强大闪电引发的森林大火开始踏上了探寻人类文明的思维发展之旅，经过不断的探寻，终于创造了辉煌而灿烂的远古文明，时至今日，每每在考古发掘中，考古学家都会有相当惊人的发现。在我国的贺兰山及昆仑山一带存在大量的远古岩画，

第四章
运用超级思维图卡

这些岩画非常简单，简单到只是一个圆圈，甚至是一个抽象的动物轮廓，但借由这些简单的图画不断地发散和延展，考古学家就能轻易地破解远古人类的一切活动轨迹。

后来，一些伟大的先哲们，开始借鉴这种岩画的发散技巧并运用于自己的学习和生活笔记中，竟然惊奇地发现，这些技巧可以发挥出强大的威力。将这种笔记方式运用和开发得最成功的当属被誉为"现代记忆之父"的英国人托尼·巴赞（Tony Buzan）先生。托尼·巴赞在大学时代，在遇到信息吸收、整理及记忆等困难时，就前往图书馆寻求帮助，却惊讶地发现没有教导如何正确有效使用大脑的相关书籍资料，于是他开始思索和寻找新的思想或方法来解决这一问题。

在大量研究心理学、神经生理学等学科后，再结合一些伟大的思想家们的笔记和心得，尤其是受到达·芬奇等人在笔记中使用图画、代号和连线及涂鸦的启发，他开始设定一些词汇、数字、代码、食物、香味、线条、色彩、图像、节拍、音符和纹路等用在自己的学习笔记上。通过不断的改进和应用，巴赞先生的学习时间不但大大减少了，而且效率还有了大幅度的提升，成绩因此也好了起来。后来，托尼·巴赞把这种笔记方式命名为"Mindmap"，在我国台湾和香港地区有人直接把它翻译成"心智图"或者"心智绘图"，而在大陆地区则把它叫做"思维导图"。

我们在本章中所讲的超级思维图卡就是思维导图制作的一个延展，当然，你也可以把它叫作线性思维导图。由于我们在前面的章节中学习了抽象词语的转换原则，因此，为了在阅读、复习甚至是复述的时候更加直观和方便，我们将只采用文字和线条，因此，我想还是将它称为超级思维图卡更恰当一些。

制作超级思维图卡看起来非常简单，只需要一支四色的圆珠笔和一张纸就可以了。但在实际操作过程中，还是要遵循一些规则，这些规则不是

"全想脑力提升书系"

快速阅读

要限制我们的思维，而是让制作的超级思维图卡发挥其应有的作用。

规则一：一定要写上中心主题。超级思维图卡的中心就是主题，也是超级思维图卡的核心。如果用一本书来比喻的话，这个中心主题就好比是图书的题目。在制作超级思维图卡的时候，首先要将这本书提供的资料归纳整理出一个中心主题。为了节约时间，中心主题只要写在一张横放着的纸张中央就可以了，并不需要像制作思维导图一样动用3~7种颜色来修饰，当然，如果你愿意做得漂亮一点，用彩色画笔画出来也可以。最后需要说明的是，在同一张纸上，只允许写一个中心主题，余下的其他分支都必须围绕这个中心主题展开。

中心主题

规则二：掌握超级思维图卡的分支阅读顺序。由于超级思维图卡的第一个分支是从中心主题右上角的任意位置开始，我们阅读的时候也是从这个范围内的第一个分支开始阅读的。超级思维图卡的分支是呈放射状的，采取顺时针方向来阅读超级思维图卡会让眼睛感觉非常舒服和自然。

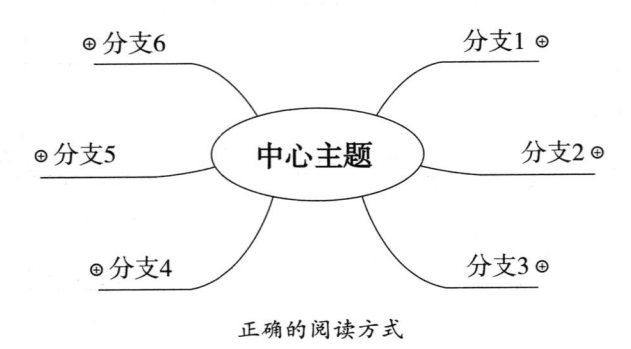

正确的阅读方式

第四章

运用超级思维图卡

规则三：运用曲线把中心主题和次主题及次主题延展出去的分支主题联结起来。为什么要用曲线呢？如果你看过人类大脑的图片，你就一定知道，人类大脑的神经细胞网络也是由曲线构成的，因此曲线构成的超级思维图卡更适合大脑的思维模式。运用曲线把中心主题和各分支主题及次主题等联结起来，这样我们在阅读的时候主次和层次都很分明，也符合大脑由近及远的联想本能，在记忆的时候也更容易被大脑接受。尤其要强调一点的是，运用的曲线条必须平滑，各上级主题与下级主题联结的曲线之间要连上，不能断开。

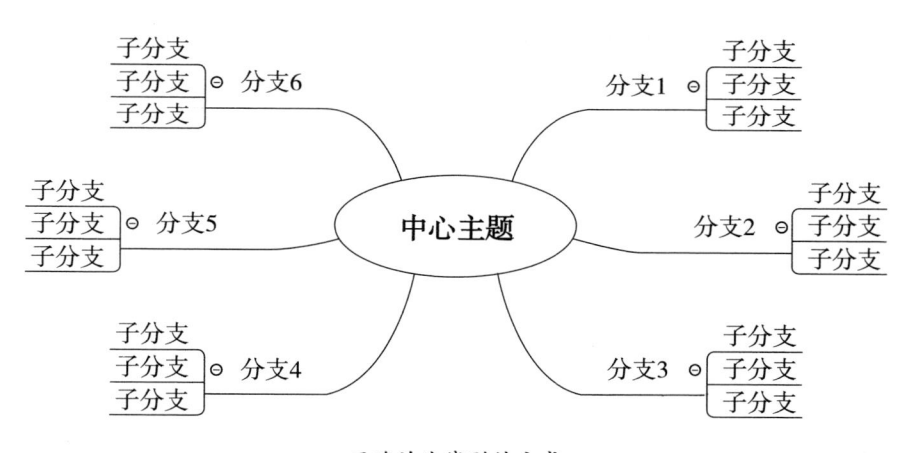

正确的曲线联结方式

规则四：可以运用简洁的符号。由于在全脑快速阅读的过程中，眼睛会把大量的资料和信息快速地扫描进大脑，如果这些资料和信息都可以运用图像来呈现的话，我们记忆起来就会容易很多。同时，让资料内容和图像产生高度关联，还可以提高复述资料和信息的精准度，运用的符号只要能提高你记忆的效率就好，没有固定的限制，比如星星可以用五角星代替，也可以用许多小圆点代替，太阳可以用一个圆圈代替，也可以用笑脸的符号代替。但有一点要提醒的是，所采用的这些符号自己一定要记牢它

"全想脑力提升书系"

快速阅读

代替的文字信息，否则在阅读的时候就无法让大脑联想到我们要表达的关键信息，当然也就无法真正地发挥出符号的功效了。对于初学者来说，我的建议是暂时不要使用符号，等熟练掌握了全脑快速阅读法的技巧后，再结合符号使用，才会达到事半功倍的效果。

规则五：每条曲线上只写一个关键词或者关键的句子。在超级思维导图卡中，每条线条上呈现出的关键词都可以触发对资料或者阅读内容的联想记忆。如果在运用的过程中，无法把两段相关内容压缩成一个关键词，就务必要重新列出一个并列的分支。如果要写上一个关键的句子，这个句子最多不能超过6个字，因为字数越多，记忆的难度就越大。很多刚开始练习全脑快速阅读法的朋友可能因为以前做了太多的线性笔记，而不是像现在做这样的关键词笔记，可能会有一点抗拒，这都是正常的。但为了让我们在阅读的时候更有效率，多练习几次后，你就会渐渐地适应这样的方式并运用于学习中，到那时，你就会发现，这些关键词不但能让书本上的内容形成一个整体，还可以有效地避免出现思维混乱，从而更加系统化地帮助我们消化所学习的知识要点。

规则六：根据自己的爱好使用色彩。为了使绘制出来的超级思维图卡变得更加生动活泼，提高记忆效果，你可以根据自己的喜好使用不同颜色来画线条、写关键词。很多初学者可能会觉得有点麻烦，直接用同一种颜色做了超级思维图卡。这样做不是不可以，只是如果你想更快更加敏捷地调动全脑思维，这样做就不是最佳的途径。长时间地运用单一的颜色做超级思维图卡不但不能使我们对阅读产生兴趣，还非常容易引发视觉疲劳，更容易让我们重新回到以前通过线性笔记方式学习的老路上去。采用多种颜色做出来的超级思维图卡不但会带来美感，还会给我们愉悦的心情，激发优势思维。

规则七：字迹工整，最好用楷体字。在全脑快速阅读课程上，我经

第四章
运用超级思维图卡

常看见很多同学为了片面地追求速度，往往把关键词非常潦草地写在线条上，以至于在复述的时候，自己辨认都非常困难，这是不可取的。字迹工整的超级思维图卡不但可以让自己心情愉悦，还能在以后需要复习学习内容的时候不用再重读一遍文章或者书本，直接按照超级思维图卡上的关键字就可以阅读并完成记忆。

这就是我归纳整理的超级思维图卡的制作规则，这些规则没有先后顺序之分，但你必须全部熟练掌握。这些看似简单的规则可以让你在学习和练习全脑快速阅读的时候尽量少走弯路，节省大量的时间，同时还能让大脑激发出更多的潜能，把一些自己曾经认为的不可能变成可能。好了，现在如果你有时间，就试着把上面的这些规则做成一张超级思维图卡吧，当你完成这张超级思维图卡后和之前的文字对比一下，你就会体会到超级思维图卡的魔力了。

画重点

⊕ 超级思维图卡就是思维导图制作的一个延展，你也可以把它叫做线性思维导图。

⊕ 人类大脑的神经细胞网络是由曲线构成的，因此曲线构成的超级思维图卡更适合大脑的思维模式。

⊕ 对于初学者来说，制作超级思维图卡暂时不要使用符号。

"全想脑力提升书系"

快速阅读

专栏一　制作属于自己的超级思维图卡

　　根据上面的规则，现在就来制作属于自己的超级思维图卡吧。为了节省时间，方便大家相互学习和探讨，我们以红芳的一篇哲理文章《一撮生命的清茶》开始吧。

　　一个屡屡失意的年轻人千里迢迢来到普济寺，慕名寻到老僧释圆，沮丧地对他说："人生总不如意，活着也是苟且，有什么意思呢？"释圆静静地听着年轻人的叹息和絮叨，末了才吩咐小和尚说："施主远道而来，烧一壶温水送过来。"

　　少顷，小和尚送来了一壶温水，释圆抓了茶叶放进杯子，然后用温水沏了，放在茶几上，微笑着请年轻人喝茶。杯子冒出微微的水汽，茶叶静静浮着。年轻人不解地询问："宝刹怎么用温水冲茶？"

　　释圆笑而不语。年轻人喝一口细品，不由得摇摇头："一点茶香都没有呢。"释圆说："这可是闽地名茶铁观音啊。"年轻人又端起杯子品尝，然后肯定地说："真的没有一丝茶香。"

　　释圆又吩咐小和尚："再去烧一壶沸水送过来。"少顷，小和尚便提着一壶冒着浓浓白汽的沸水进来了。释圆起身，又取过一个杯子，放茶叶，倒沸水，再放在茶几上。年轻人俯首看去，茶叶在杯子里上下沉浮，丝丝清香不绝如缕，让人望而生津。

　　年轻人想要去端杯，释圆挡开，又提起水壶注入一线沸水。

　　茶叶翻腾得更厉害了，一缕更醇厚更醉人的茶香袅袅升腾，在禅房弥

第四章

运用超级思维图卡

漫开来。释圆一共注了五次水，杯子终于满了，那绿绿的一杯茶水，端在手上清香扑鼻，入口沁人心脾。

释圆笑着问："施主可知道，同是铁观音，为什么茶味相差这么大吗？"

年轻人思忖着说："一杯用温水，一杯用沸水，冲沏的水不同。"

释圆点头："用水不同，茶叶的沉浮就不一样。温水沏茶，茶叶轻浮在水上，怎会散发清香？沸水沏茶，反复几次，茶叶沉沉浮浮，才能释放出茶的清香。世间芸芸众生，又何尝不是沉浮的茶叶呢？那些不经风雨的人，就像温水沏的茶叶，只在生活表面漂浮，根本浸泡不出生命的芳香；而那些栉风沐雨的人，如被沸水冲沏的酽茶，在沧桑岁月里几度沉浮，才有那沁人的清香啊。"

浮生若茶，我们何尝不是一撮生命的清茶？命运又何尝不是一壶温水或炽热的沸水呢？茶叶因为沉浮才释放了本身的清香，而生命，也只有遭遇一次次挫折和坎坷，才激发出人生那一脉脉幽香。

（本文来源于网络，约800字）

请仔细阅读一遍上面的文章，把握文章的骨架，构建知识网络结构，对提取出的关键词进行整理并在厘清逻辑关系后，在下面空白处制作出这篇文章的超级思维图卡：

"全想脑力提升书系"
快速阅读

完成自己的第一幅超级思维图卡后，请将你的超级思维图卡和原文对照一下，看看自己选用的关键词是否准确地表达了原文的意思和主题，是否还有需要补充的地方。如果你觉得还不错的话，请根据自己这张超级思维图卡把文章从头到尾复述一遍，在复述的时候尽量原文复述。在刚开始练习的阶段，按照原文复述是有一定难度的，这是正常的。实在不能原文复述，你也可以用自己的话完整地复述一遍全文的内容。通过这样不断地练习，我们就可以把文章的内容转化成自己的知识，既能充实头脑，又能达成更好的记忆效果。等有一天，你在阅读完文章资料后，就直接可以在大脑里面呈现出属于这篇文章资料的超级思维图卡时，就证明你已经掌握了快速阅读最重要的方法，这会为后面的EyeQ（眼商）练习和提升速读的技巧打下坚实的基础。

下面附上这篇文章的参考超级思维图卡：

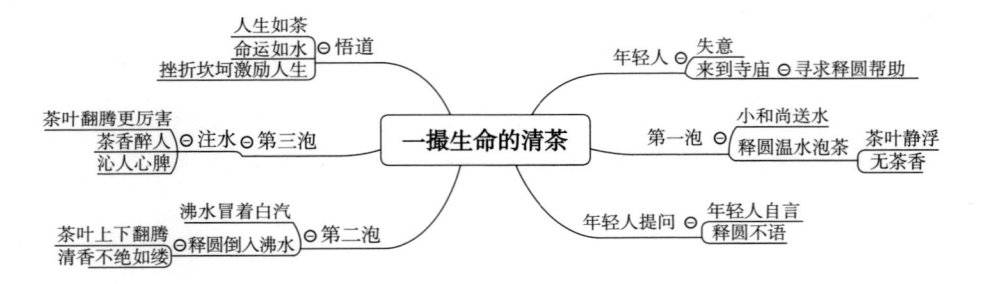

```
                   人生如茶
                   命运如水 —— 悟道          年轻人 — 失意
              挫折坎坷激励人生                   来到寺庙 —— 寻求释圆帮助

  茶叶翻腾更厉害                                    小和尚送水           茶叶静浮
  茶香醉人 —— 注水 —— 第三泡  ——【一撮生命的清茶】—— 第一泡 —— 释圆温水泡茶  —— 无茶香
  沁人心脾

  沸水冒着白汽                                      年轻人提问 — 年轻人自言
  茶叶上下翻腾 —— 释圆倒入沸水 —— 第二泡                          释圆不语
  清香不绝如缕
```

第五章

眼商提升训练

第五章

眼商提升训练

第一节　EyeQ 是快速阅读的关键

眼商，就是眼睛的视觉商数，在全脑快速阅读法中也叫作EyeQ，它是英文单词Eye Quotient的缩写。在人的五大感官中，视觉对信息输入大脑的贡献比例最大，因此，衡量一个人眼睛的视知觉能力、眼球的运动能力、瞬间感知能力以及视幅范围等方面的综合指数就要靠EyeQ了。

科学研究表明，人类的每一只眼睛至少有一亿三千万个光感接收器，每个光感接收器每秒钟至少能够吸收五个光学能量，轻松区分出一千万种以上的颜色。就因为眼睛具有这样强大的视觉能力，很多科学家把眼睛誉为宇宙中最精密、最先进的光学仪器。

随着现代科学技术的不断发展，科学家们对眼睛进行了更加深入的研究，发现只要通过协调动作，人类的眼睛可以在一秒钟的时间里面，对一幅含有上亿个信息的景物进行相当高的精确解码。人类眼睛的这种能力，就算是目前世界上最先进的显微镜和天文望远镜与之相比，都会相形见绌。

正是因为人类眼睛的这种超级视觉能力，阅读学家们从美国空军的一个EyeQ潜能训练中得到启示，决定把人类的EyeQ潜能和阅读能力相结合，通过一定的训练方法快速提升人们的阅读速度和效率。经过一段时间的训练，训练的结果让人非常惊讶，那些经过训练后的人几乎都能在一分钟的时间里分辨出上万个字母，有的甚至能分辨出十万个以上的字母，由此可见，人类的眼睛具有多么强大的接收能力。

"全想脑力提升书系"
快速阅读

　　由此，阅读学家们提出：EyeQ潜能的开发跟一个人所能获取知识的能力成正比，EyeQ越高的人，获取知识的速度就越快，学习能力就越强。故此，想要快速获取知识，提升自己的能力，就必须首先提升自己的EyeQ水平。

　　在全脑快速阅读训练中，对EyeQ潜能的开发和训练，是提升一个人阅读能力和阅读速度的关键，也只有提升了EyeQ水平，在全脑快速阅读时，眼睛的视幅范围才更加宽广，对文字的捕捉能力才更加强大。所以，一个人，只要能最大限度地提升EyeQ潜能，就能迅速达到一目十行、过目不忘的超级阅读境界。在全脑快速阅读训练中，要想迅速提升EyeQ潜能，必须掌握后文介绍的四个训练方法。

画重点

　　⊕在人的五大感官中，视觉对信息输入大脑的贡献比例最大。

　　⊕EyeQ越高的人，获取知识的速度就越快，学习能力就越强。

　　⊕对EyeQ潜能的开发和训练，是提升一个人阅读能力和阅读速度的关键。

第五章

眼商提升训练

第二节 视点移动能力训练法

视点移动能力和阅读速度密切相关，没有经过视点移动训练的人，眼球是无法在阅读的时候快速移动的，看完一本书的速度也就非常慢。如果能加快视点移动的训练，在阅读的时候，视野宽度就会增大，看到的文字就会增多，而且，眼睛摄入文字资料后，大脑会立刻反映出图像资料，大脑的敏捷性也同时得到了锻炼，大脑和眼睛的反应越快，阅读的速度就会越快。因为，一个人在阅读的时候，眼睛会产生一种有规律的"跳—停—跳—停"的循环运动。只是随着书籍排版的方式不同，眼睛运动的方式也不同，如果是书本是横排版，则是左右运动；如果是竖排版，则是上下运动。不管是什么样式排版的书，在阅读的时候，只要眼球能迅速地随着文字而移动或者转动，阅读的速度就会提升。

练习1：视点横向"之"字形移动训练。如图1所示：

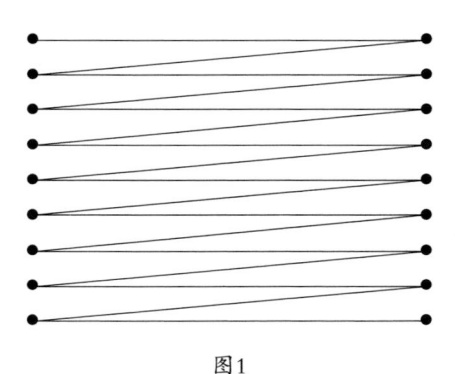

图1

"全想脑力提升书系"
快 速 阅 读

在进行横向"之"字形运动的时候，视点（眼球）必须聚焦在黑点上，不能脱离，并随着横向的线条迅速移动到另一个黑点，然后再顺着斜向的线条移动到下一行的黑点，使眼球在黑点与黑点之间进行"之"字形移动。只有这样，我们的视点才能随时在黑点上立刻终止，终止后又能立刻继续移动。

这个训练是为了强化眼球的横向肌肉，增强眼球的灵活度，提高眼球的转动和视点的聚焦速度。训练的时候，要保持腹式呼吸，尽量减少眼睛眨动的次数，做到让视点灵活自如地在黑点与黑点之间移动。但要注意的是，在训练时，眼睛要和训练的"之"字形训练卡保持30～40cm的距离，头保持不动，只需眼球移动。如果头也随着视线的牵引而左右移动，不但对视点移动起不到训练的作用，反而会对脖子造成伤害。

在开始进行横向"之"字形训练的时候，建议你先对着图1练习一段时间过后，再结合书本练习。为了你以后能熟练地掌握这个技能，我们以一个书页为例，作为横向单行的训练示范（图2），每天花上3分钟的时间，练习一次就好。等熟练掌握单行练习后，过渡到左右双行的练习（图3）。同样，等熟练掌握左右双行的练习后，再进行左右三行、四行、五行，甚至六行的练习。为了更加清楚地展示示范的效果，我特意把图示中的文字放大了许多。

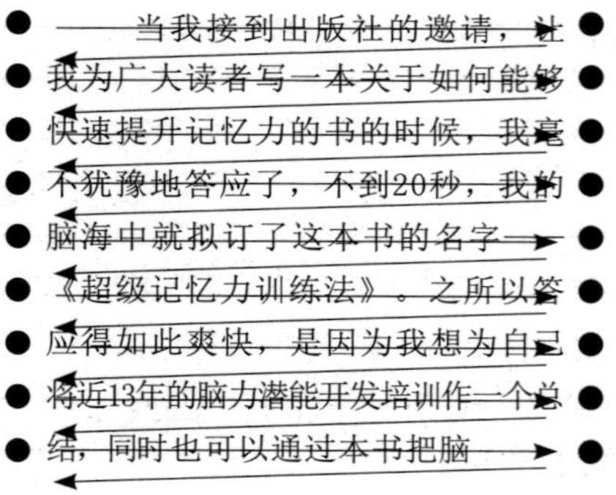

图2 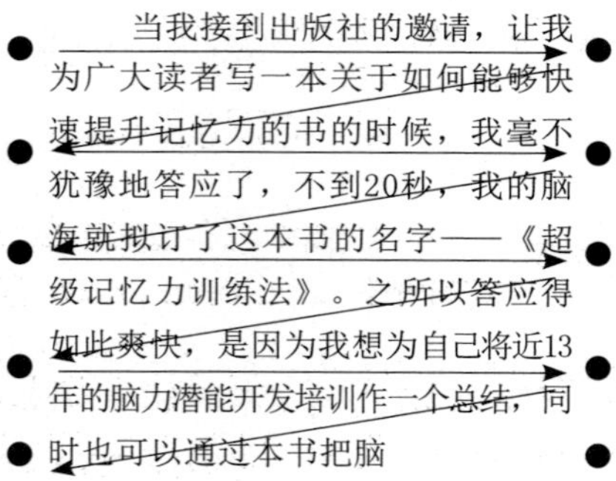　　　　　　　　　　　图3

第五章
眼商提升训练

练习2：纵向"之"字形训练（图4）。这个练习主要是训练眼球的纵向肌肉。纵向"之"字形练习和横向"之"字形练习的方法是相同的，唯一不同的就是眼球运动方向的改变，从横向改变为纵向了。

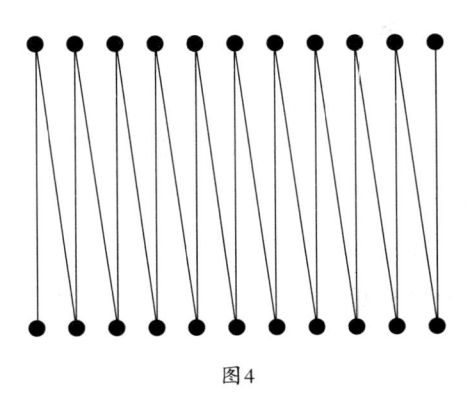

图4

同样，在开始进行纵向"之"字形训练之前，建议你先对着图4练习一段时间过后，再结合书本练习。为了你以后能熟练地掌握这个技能，我们以一个书页为例，做了一个纵向单行的训练示范（图5），每天花上3分钟的时间，练习一次就好。等熟练掌握单行练习后，过渡到上下双行的练习（图6）。同样，等熟练掌握上下双行的练习后，再进行上下三行、四行、五行，甚至是六行的练习。为了更加清楚地展示示范效果，同横向训练一样，我特意把图示中的文字放大了许多。

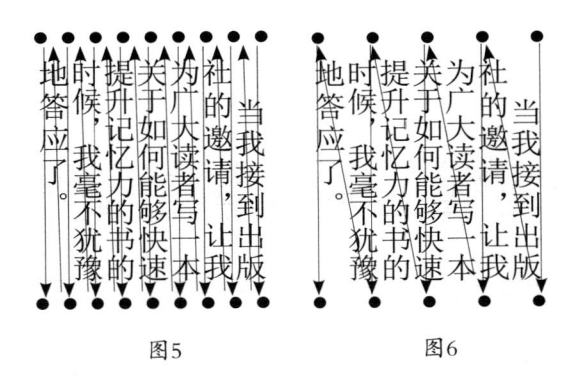

图5   图6

练习3：对角线运动训练（图7）。对角线运动训练主要是强化眼球的斜向肌肉，让眼睛拥有宽阔的视野，同时，通过该训练，可以让眼睛在阅读的时候快速捕捉到关键字及关键词。在训练的时候，让我们的视点从图7的中央圆圈"1"开始，以每分钟120个节拍的速度，使视点跃向任意一条线上圆圈"2"的位置，接着跃向同一斜线上圆圈"3"位置，再跃向圆圈"4"的位置，最后跃向圆圈"5"的位置。一条斜线练习完了以后，接着用相同的方法从中间圆圈"1"的位置开始练习另两条斜线。时间为3分钟，每天一次。在训练的时候，应保持良好的坐姿，头不要前后左右晃动。

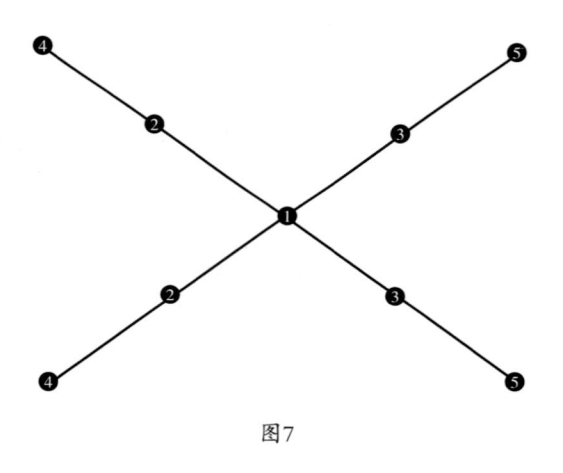

图7

练习4：8字形训练。8字形训练法分为两种：横向8字形训练法（图8）和纵向8字形训练法（图9）。跟前面横向和纵向"之"字形训练相比，8字形训练法对眼球的移动速度和灵活度的要求更高了，因为它是循环运动，同样在3分钟的训练时间里面，眼球移动的距离却增加了不少。与前面的集中训练法相比，8字形训练法更加全面，主要是强化训练眼球的横向、纵向及斜向肌肉，增强眼球的灵活度，从而快速提升视点移动的综合能力。在进行此项训练的时候，要保持好腹式呼吸，尽量减少眼睛眨动的次数，眼

第五章
眼商提升训练

睛与训练图保持30~40cm的距离，同样也不要让视线牵引头部而前后左右移动，并保持好良好的坐姿。

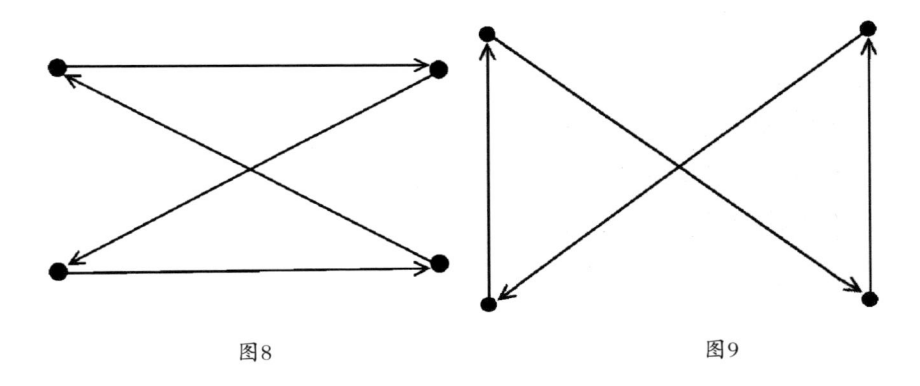

图8　　　　　　　　　　　图9

练习5：走迷宫。走迷宫是全脑快速阅读训练时必须进行练习的视点移动训练方法，也是初学者的视觉引导工具。经过不间断的走迷宫练习，我们的视幅范围就会越来越宽广，在阅读的时候，眼睛就可以非常灵活地在书本段落间顺畅地移动，同时又能保证对视觉对象的印象鲜明、清楚。在走迷宫的练习中，跟前面几种训练方法一样，同样要保持腹式呼吸，尽量减少眼睛眨动的次数，眼睛与训练图保持30~40cm的距离，从迷宫练习图的进口开始，直到顺利找到出口为止。如果在刚开始练习的时候不习惯，你也可以借用手指或者手中的铅笔，手指或者铅笔移动到哪里，视点就追踪到哪里。等自己能熟练地走出迷宫以后，就不需要手指或者铅笔的辅助了。最后需要提醒的是，在练习的时候不要让视线牵引头部而前后左右移动，并保持良好的坐姿。

在我们平时的练习中，可以选择格式迷宫（图10）和线式迷宫（图

"全想脑力提升书系"

11）进行练习，每天练习一到两组就好。

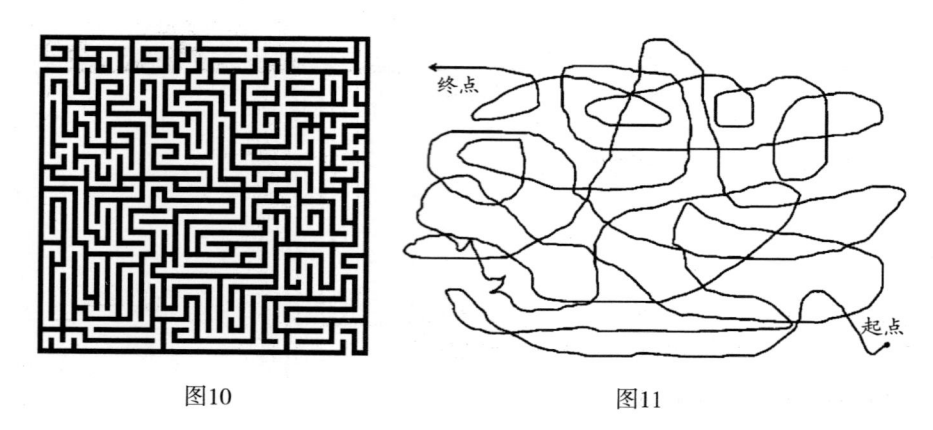

图10

图11

画重点

⊕ "之"字形移动训练中，要注意头保持不动，只需眼球移动。

⊕ 8字形训练法更加全面，主要是强化训练眼球的横向、纵向及斜向肌肉，增强眼球的灵活度。

⊕ 经过不间断的走迷宫练习，我们的视幅范围就会越来越宽广。

第五章
眼商提升训练

第三节　视幅范围扩展

在阅读的时候，会使用到眼睛的三个重要区域，这三个区域分别为：视点、舒适区、余光区，如图12所示。

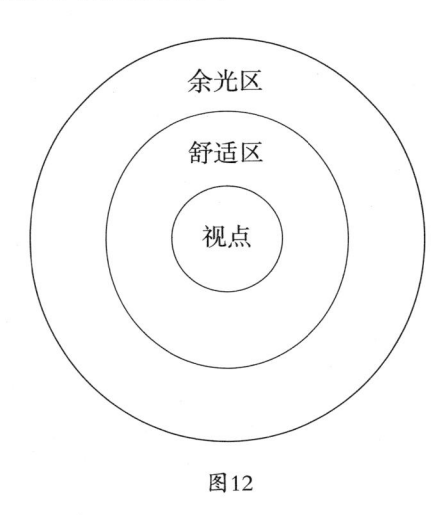

图12

一般没有经过视幅范围扩展训练的人，在阅读的时候多采用视点阅读，但也有极少部分人采用视点和舒适区相结合的方式阅读，人在这两个区域阅读的时候能非常清晰地感知书本文句，因此，这两个区域也叫清晰区。在全脑快速阅读训练中，我们更多的是训练余光区，通过对余光区的训练，扩大清晰区的范围，让我们增强对余光区的感知能力。当余光区在感知书本文句的时候能够跟清晰区一样清晰，我们视幅的范围就真正扩大了。当然，在阅读的时候也会采用块状式阅读的方法，速度自然就会加快了。要达到这样的效果很简单，只要采用方形嵌套训练（图13）、圆形嵌套训练（图14）进行练习就好。

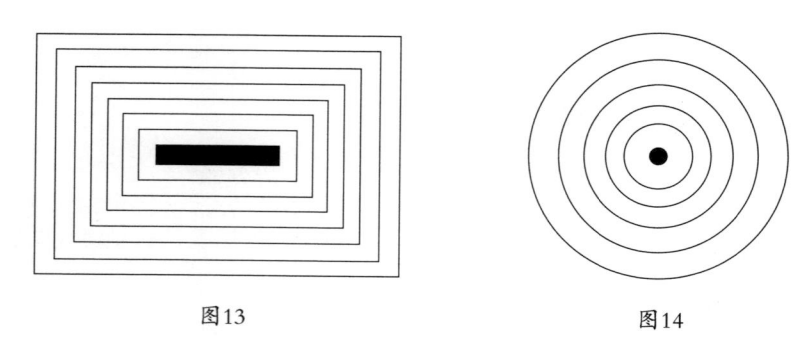

图13

图14

　　这两种训练方式都是通过对视幅的扩展训练，增加视觉广度和视觉神经末梢的感受能力，从而提升余光区的感知能力。在训练的过程中要注意一点，当我们的眼球注视方形嵌套或者圆形嵌套中间那个黑色的视点时，不能只意识到图形的四周，必须意识到嵌套的整体。当余光区开始出现更大的方形或者圆形时，视点则向外扩展，注视第二个方形或者圆形，也就是说，当我们能清晰地感知第二个方形或者圆形的时候，也必须感知到包含在里面的方形或者圆形。这样一层一层地向外扩展，直到达到最外层的方形或者圆形为止。同时，在做此练习的时候，眼球是不允许移动的。长期这样的练习不但可以将我们长久以来形成的狭小视野扩大开来，而且还能提高视觉的稳定性以及定向搜索的能力，在以后的阅读中，目光在接触书本文句的那一瞬间，就能把书本文句感知得清清楚楚、明明白白。

第五章

眼 商 提 升 训 练

画重点

⊕视点、舒适区和余光区是人们阅读时会使用到的眼睛的三个重要区域。

⊕在全脑快速阅读训练中,我们更多的是训练余光区。

⊕方形嵌套训练和圆形嵌套训练都是对视幅的扩展训练。

第四节　瞬间感知能力训练

　　瞬间感知能力训练也叫拍照式训练。在进行这个训练的时候，最好找到一个人来配合你，因为这个训练一个人很难完成。

　　首先我们得找出一些至少是5个字的句子或者词语，整齐排列成四行，并用大号字打印在10张稍微硬一些的铜版纸上，每张纸上的文字内容要各不相同。这里所说的大号字不是像毛笔字一样大，而是只要跟现在一角钱的硬币大小差不多就可以了。打印完成后，用裁纸刀整齐地一个一个地裁剪好。

　　然后找一个安静的环境，保持腹式呼吸，让一个人拿出一个刚才裁剪好的句子或者词语，在距离你眼睛正前方30～40cm的地方停留最多不超过1秒钟的时间。只需要你用图像的方式看清楚刚才纸片上的句子就好，千万不可音读和心诵。

　　例如，你眼前出现的是"爱斯基摩人"这几个字，则应在脑海中立刻闪现出爱斯基摩人的样子或者穿着。当5个字能轻松感知的时候，你就可以练习6个字了；6个字练习熟练后，开始7个字的练习，以此类推，达到15字为最佳。这样的练习不但可以提升右脑的图像能力，而且还会提升眼睛瞬间捕捉文字的能力。

第五章

眼商提升训练

画重点

⊕瞬间感知能力训练也叫拍照式训练。

⊕在进行瞬间感知能力训练的时候,最好找到一个人来配合你。

⊕瞬间感知能力训练只需要你用图像的方式看清楚纸上的句子,千万不可音读和心诵。

专栏二　词群阅读训练

在这个训练中，我们将要运用到一个新的学习工具——节拍器。

在开始做词群阅读训练的时候，节拍器设置在每分钟60拍的节奏，一个"嗒"的节奏阅读一个词组。不要音读和心诵，只要眼睛感知到，将视线迅速移动到下一个词组，从左到右开始。

如果在视线移动的过程中，有心诵和音读的情况，请立刻加快速度，把节拍器设置到每分钟100～120拍的节奏。当一页词群阅读完毕后，闭上眼睛，仔细回想一下刚才资料上的词组，看看能记下来多少，这些能回忆出来的词组大概在什么位置，刚开始的时候，就算是一个词组都没办法回忆起来也没有关系，只要眼睛跟着节拍感知清楚词组就好。

现在，我们就来小试身手，从一目三字开始，一直练习到一目九字吧，当然你在练习的过程中，也可以增加一些数字一起练习，效果会更好。为了迅速适应这些改变常规的阅读训练方法，从一目两字到一目五字，我们尽可能用稍大点的字。下面这些就是你进行词群阅读练习21天所需要的文字材料，加油！

一目三字词群训练

大丈夫	电视剧	万年历	茶叶蛋
清明节	燕尾服	无人区	独生子
西游记	黑匣子	水浒传	猪八戒

第五章

眼商提升训练

龙卷风	兰陵王	红楼梦	罗汉果
马蜂窝	新加坡	笔记本	公积金
巴厘岛	计算机	摩托车	哈尔滨
风信子	鬼吹灯	黑名单	大白菜
狮子座	木兰诗	双子座	二人转
大官人	红烧肉	植树节	张家界
向日葵	幻想曲	鼓浪屿	金牛座
健身操	青春期	繁体字	颐和园
千岛湖	百家姓	吸血鬼	灰姑娘
唐伯虎	闯关东	大悲咒	自行车
预产期	孙中山	诸葛亮	电影院
教育部	孙悟空	妇女节	基督教
花木兰	西门子	李清照	穿山甲
黄鹤楼	蒲公英	土耳其	辛夷坞
劳动法	加拿大	同性恋	郁金香
荨麻疹	普洱茶	艾滋病	降落伞

一目四字词群练习

天气预报	一仆二主	工商银行
北京时间	马来西亚	天龙八部
三国演义	百里挑一	金蝉脱壳
言情小说	清华大学	家庭教师
攻城略地	不吐不快	春暖花开
北京大学	人民日报	浙江大学
参考消息	自我介绍	隋唐演义
乱世佳人	天上人间	怦然心动

"全想脑力提升书系"
快 速 阅 读

书香门第	海阔天空	齐天大圣
天津大学	霸王别姬	爱因斯坦
香格里拉	乌鲁木齐	维吾尔族
成吉思汗	鄂尔多斯	邮政储蓄
海峡两岸	满腹经纶	冬虫夏草
呼和浩特	天下第一	一触即发
生辰八字	情非得已	城南旧事
毕业论文	黄道吉日	卫星云图
格林童话	岳阳楼记	妄自菲薄
养老保险	一呼百应	勾股定理

一目五字词群训练

中央电视台	不正当竞争	大鱼吃小鱼
南京大屠杀	清明上河图	海底两万里
资产负债表	春江花月夜	印度尼西亚
戈尔巴乔夫	多普勒效应	哈萨克斯坦
埃菲尔铁塔	二十四节气	狸猫换太子
唐宋八大家	格列佛游记	克里姆林宫
阿姆斯特丹	故宫博物院	中国远征军
柯尔克孜族	黄果树瀑布	钱塘湖春行
重力加速度	阿尔及利亚	少年中国说
里约热内卢	埃塞俄比亚	归去来兮辞
海军陆战队	天安门广场	人民大会堂
诺曼底登陆	梅子黄时雨	望庐山瀑布
精神分裂症	土库曼斯坦	碳水化合物
天文望远镜	仲夏夜之梦	苏伊士运河

第五章
眼商提升训练

高级工程师	奥斯曼帝国	青龙偃月刀
阿尔巴尼亚	伯明翰大学	电流互感器
阿拉伯数字	所有者权益	马克思主义
法国大革命	古诗十九首	珍珠港事件

一目六字词群训练

上海交通大学	大连理工大学	北京理工大学
北京科技大学	福建师范大学	北京林业大学
哥伦比亚大学	大连海事大学	一元二次方程
哥德巴赫猜想	江山如此多娇	南无阿弥陀佛
北京体育大学	莫斯科保卫战	狼牙山五壮士
现代汉语词典	风湿性关节炎	四项基本原则
股份有限公司	人民代表大会	南京长江大桥
宝葫芦的秘密	相对原子质量	有志者事竟成
过五关斩六将	哀莫大于心死	地球同步卫星
地理信息系统	大亚湾核电站	韩熙载夜宴图
最不发达国家	牛顿第三定律	五十步笑百步
动量守恒定律	呼伦贝尔草原	水至清则无鱼
内蒙古自治区	黄石国家公园	圣保罗大教堂
汉语拼音字母	动脉粥样硬化	北京医科大学
辩证唯物主义	政治协商会议	九成宫醴泉铭
奥林匹克精神	历史唯物主义	风湿性心脏病
反对本本主义	摸着石头过河	百思不得其解
北京交通大学	革兰氏阳性菌	出淤泥而不染
风马牛不相及	偷自行车的人	古今图书集成
太岁头上动土	客观唯心主义	格林尼治时间

"全想脑力提升书系"

快速阅读

格式塔心理学	可望而不可即	主观唯心主义
喜怒不形于色	达达尼尔海峡	老死不相往来
三月不知肉味	求人不如求己	霍亨索伦家族
勿谓言之不预	阿尔卑斯山脉	百闻不如一见
博洛尼亚大学	化干戈为玉帛	伊比利亚半岛
热带雨林气候	扶不起的阿斗	答司马谏议书
君子成人之美	惶惶不可终日	全球定位系统
无所不用其极	对立统一规律	英雄所见略同

一目七字词群训练

中华人民共和国	第二次世界大战	大红灯笼高高挂
题破山寺后禅院	天若有情天亦老	君子之交淡如水
山雨欲来风满楼	布宜诺斯艾利斯	人民英雄纪念碑
一年之计在于春	斯大林格勒战役	少年维特之烦恼
树欲静而风不止	第二次鸦片战争	阿拉伯的劳伦斯
心有灵犀一点通	奥斯维辛集中营	博斯普鲁斯海峡
桂林山水甲天下	行百里者半九十	一心一意才最好
人心不足蛇吞象	广西壮族自治区	人生何处不相逢
此地无银三百两	新民主主义革命	热力学第二定律
王顾左右而言他	女子无才便是德	婚姻法司法解释
柳暗花明又一村	浪子回头金不换	不是冤家不聚头
初生牛犊不怕虎	夏虫不可以语冰	今朝有酒今朝醉
黑云压城城欲摧	中国人民志愿军	无可奈何花落去
多米尼加共和国	赔了夫人又折兵	同是天涯沦落人
多行不义必自毙	近水楼台先得月	糟糠之妻不下堂
钢筋混凝土结构	身在曹营心在汉	三人行必有我师

第五章
眼商提升训练

儿行千里母担忧	众人拾柴火焰高	有缘千里来相会
圣基茨和尼维斯	柴米油盐酱醋茶	好马不吃回头草
凤凰台上忆吹箫	置之死地而后生	兔子不吃窝边草
经济技术开发区	磨刀不误砍柴工	不到长城非好汉
温带海洋性气候	留取丹心照汗青	长江后浪推前浪
不到黄河心不死	心有余而力不足	温带大陆性气候
泡利不相容原理	有过之而无不及	尽信书不如无书
五讲四美三热爱	识时务者为俊杰	波士顿倾茶事件
挟天子以令诸侯	奥林匹克运动会	半部论语治天下
刚果民主共和国	条条大路通罗马	人生自古谁无死
有钱能使鬼推磨	一朝天子一朝臣	北美自由贸易区
长江中下游平原	不识庐山真面目	不列颠百科全书
一失足成千古恨	映日荷花别样红	解铃还须系铃人
冒天下之大不韪	中国民主促进会	密立根油滴实验

一目八字词群训练

对外经济贸易大学	钢铁是怎样炼成的	北京航空航天大学
中国科学技术大学	送杜少府之任蜀州	福尔摩斯探案全集
全国人民代表大会	中国国际广播电台	新疆维吾尔自治区
澳大利亚国立大学	中国残疾人联合会	燕雀安知鸿鹄之志
莫斯科不相信眼泪	青出于蓝而胜于蓝	中国协和医科大学
巧妇难为无米之炊	一方水土养一方人	雅鲁藏布江大峡谷
癞蛤蟆想吃天鹅肉	斯堪的纳维亚半岛	坚持四项基本原则
未来科技相当发达	伯罗奔尼撒战争史	国际航空运输协会
四库全书总目提要	井冈山革命根据地	跳进黄河也洗不清

"全想脑力提升书系"

快 速 阅 读

法兰西第四共和国	古尔班通古特沙漠	世界大学生运动会
一把钥匙开一把锁	五月卅一日急雨中	阿尔诺芬尼夫妇像
抗日民族统一战线	狗嘴里吐不出象牙	资本主义基本矛盾
千里之堤溃于蚁穴	法国资产阶级革命	国际复兴开发银行
鹬蚌相争渔翁得利	旧的不去新的不来	丑媳妇总得见公婆
多一事不如少一事	巴黎高等师范学校	关税及贸易总协定
阿芙乐尔号巡洋舰	天知地知你知我知	人非圣贤孰能无过
行百里者半于九十	论动体的电动力学	浮士德博士的悲剧
一分钱难倒英雄汉	第一代电子计算机	资产阶级民主革命
中国左翼作家联盟	吃着碗里看着锅里	察世俗每月统记传
明修栈道暗度陈仓	大唐三藏取经诗话	展拓香港界址专条
第二代电子计算机	东一榔头西一棒子	死诸葛能走生仲达
无穷递缩等比数列	跑了和尚跑不了庙	莫斯科国际电影节
急惊风撞着慢郎中	跑马溜溜的山上哦	城镇住房制度改革
人同此心心同此理	消费者权益保护法	第四代电子计算机
蛇钻的窟窿蛇知道	搬石头砸自己的脚	解放思想实事求是
饱食终日无所用心	离开是最好的选择	蝇附骥尾而致千里
无面目见江东父老	说得比唱得还好听	捡了芝麻丢了西瓜
中国动物地理区划	社会主义初期阶段	中美建交联合公报
失去的永远是最好		

一目九字词群练习

白雪歌送武判官归京	中华人民共和国国歌	法拉第电磁感应定律
家庭联产承包责任制	二十年目睹之怪现状	关于费尔巴哈的提纲
阿耨多罗三藐三菩提	高新技术产业开发区	中国第一历史档案馆

第五章

眼商提升训练

第一次国内革命战争
大秦景教流行中国碑
温德米尔夫人的扇子
到什么山上唱什么歌
好运一来全家都有福
一九三六年春在太原
必然王国与自由王国
卢瑟福粒子散射实验
三十年老娘倒绷孩儿
四库全书总目提要卷
钱过北斗米全烂成仓
不当和尚就不去撞钟
听话听声敲锣鼓听音
树叶掉下来怕打破头
有牛使牛而无牛使犊
千金之裘非一狐之腋
蛇钻竹洞后曲心还在
七年之病求三年之艾
天冷了就要多穿衣服

党的十一届三中全会
中国中学生体育协会
司马昭之心路人皆知
败坏了赫德莱堡的人
不吃羊肉空惹一身膻
声声慢寻寻觅觅不见
运动员技术等级制度
万家寨引黄入晋工程
白胡阑套住个迎霜兔
赶不上趟赶不上趟儿
不以规矩不能成方圆
将在外君命有所不受
蝮蛇螫手逼壮士解腕
言之不文以行之不远
言者谆谆不听者藐藐
冰冻三尺非一日之寒
正担好挑偏担儿难挨
盐城的盐一点都不好
天天等着挤上公交车

奥地利王位继承战争
先秦汉魏晋南北朝诗
京汉铁路工人大罢工
法拉第电磁感应实验
马王堆一号汉墓帛画
云庄休居自适小乐府
一尺水翻腾起一丈波
莱茵河化学药品事故
牛头不对马嘴的出处
偷鸡不成反蚀一把米
有一分热还发一分光
秀才造反三年造不成
可丁可卯可丁可卯儿
有钱买马却没钱置鞍
有一说一就有二说二
天下本无事庸人自扰
凡事预则立不预则废
精神好身体才会很好
离别不是最终的结果

一目十字词群训练

中国人民政治协商会议
中国图书馆图书分类法
巴塞罗那博览会德国馆
三个臭皮匠赛过诸葛亮

洛杉矶光化学烟雾事件
临渊羡鱼不如退而结网
若要人不知除非己莫为
大碗岛上的一个星期日

"全想脑力提升书系"

快速阅读

航空港经济综合实验区
资本主义基本经济规律
东方汇理与苏伊士银行
蜀中无大将廖化做先锋
牡丹花好终须绿叶扶持
积财千万不如薄技在身
半高跟拖鞋半高跟凉鞋
任凭风浪起稳坐钓鱼船
平时不烧香急来抱佛脚
明枪容易躲暗箭最难防
上无片瓦下无立锥之地
救人一命胜造七级浮屠
少壮不努力老大徒伤悲
留得青山在不怕没柴烧
天下本无事庸人自扰之
人民政府发展研究中心
墙头一棵草风吹两边倒
上马一提金下马一提银
以小人之心度君子之腹
千羊之皮不如一狐之腋
个人储蓄积累养老保险
知之为知之不知为不知
中华人民共和国劳动法
三人一条心黄土变成金
火到猪头烂钱到公事办

曼彻斯特维多利亚大学
一人之心千万人之心也
瓜田不纳履李下不正冠
少年儿童业余体育学校
狗长尾巴尖儿的好日子
陕西省公务员网上培训
奥地利一八四八年革命
三人误大事六耳不通谋
只要工夫深铁杵磨成针
工欲善其事必先利其器
长他人志气灭自己威风
三打不回头四打连身转
三十年河东三十年河西
一朝被蛇咬十年怕井绳
成人不自在自在不成人
上山擒虎易开口告人难
全国人大常委会委员长
路遥知马力日久见人心
来是是非人去是是非者
一字入公门九牛拔不出
行政裁判以及仲裁机制
梁园虽好不是久住之乡
嫁出去的女泼出去的水
此处不留人自有留人处
卧榻之侧岂容他人鼾睡

第六章

速读方法运用训练

第六章
速读方法运用训练

第一节 收集信息三种方式

经过前面那些章节的大量训练后，你应该掌握和具备了真正实现全脑快速阅读的基础了。在本章中，我们将正式进入全脑快速阅读的方法训练和运用阶段，相信在做完本章中的练习后，再加上每天的实践，你的阅读速度将会有很大的提高。

在进行全脑阅读方法训练之前，我们必须要弄清楚在阅读一本书时，需要从这本书上获取到什么。换句话说，要带着目的去阅读，只有这样，我们才能采取正确的方法从头到尾将这本书阅读完毕。如果没有带着目的，只是纯粹地为了打发时间，在阅读的时候就非常容易出现"身在书旁，心在他方"的状况。带着目的阅读，你就会集中注意力完全沉浸在书中，从书中获取到自己想要的信息。因此，目的不同，所采用的阅读方式、去收集信息的方式也不同。在全脑快速阅读中，收集信息的方法主要有三种：

第一种：寻找阅读。这种方法比较简单，在一本书中，翻阅一下目录，找到自己需要阅读和了解的章节，然后获取自己想要的信息资料。

第二种：粗略阅读。这种方法适合小段的文章，比如时事评论、国内外的热点新闻以及各种报纸杂志等。一般像这些小段的文章基本上是一看标题就知道正文所讲的60%以上的内容了。如果再看看标题下面附着的小标题，基本上就可以迅速地了解写这篇文章的作者的基本想法及支持立场。这样的阅读方式可能对大多数的人来说，有点不合适，但这种方法的确在阅读的时候可以帮助我们迅速地了解掌握资讯，创造一个主动阅读的积极心态。

第三种：精读。在阅读中，难免会遇到一些非常晦涩难懂的部分，这部分的内容就需要采取精读的方式来完成。在精读资料的时候，必须放慢速度，如有可能还必须配合一些工具书，甚至请教专业的人士。但这种方式，对于正在进行全脑快速阅读的初学者来说，并不适合。

这三种方法，在采用全脑快速阅读的方式阅读书本或者文章资料的时候经常相互配合采用，依照内容的难易程度加快或者放慢阅读速度，自由地调节阅读速度，这是全脑快速阅读训练的关键。

画重点

⊕全脑快速阅读中，收集信息的方法主要有三种：寻找阅读、粗略阅读和精读。

⊕精读不适合全脑快速阅读的初学者。

⊕依照内容的难易程度自由地调节阅读速度，是全脑快速阅读训练的关键。

第六章
速读方法运用训练

第二节 线式阅读法

经过前面的从音读到视读的一系列训练，我相信读者朋友们的变化一定非常大，对每个人来说，阅读方式应该都有了一种突变，这种突变是从第一课就开始的。虽然对很多人来说，这种突变需要长期单调枯燥、坚持不懈地训练才能得到，但一旦获得，你将收获的是获得丰富知识的满足和愉悦。当你收获到这种突变时，也代表着我们即将进入全脑快速阅读训练的线式阅读，线式阅读能帮助我们在阅读的方式上达到关键突破。

线式阅读法就是把若干个文字联结成一条线作为一个阅读单位的一种阅读方法，这是一种过渡式的混合阅读方式。采用这种阅读方法，既可以提高阅读的速度，还可以保留传统阅读的一些优势，是从音读的基础上发展起来的。

虽然在前面说到这是一种过渡式的阅读方法，但实际在运用的时候也不是完全按照自己固有的方式停留在一个或者某个字、某些词的读音或者意义上逐字逐词地读，而是为了建立一个全脑快速阅读法必须依赖的基础，这个基础就是点式阅读。点式阅读是一种合成式感知，它的优点就是读得仔细，分析得精确，阅读的效果和理解效果非常好。而阅读效果和理解效果好恰恰是全脑快速阅读的终极目标。

线式阅读是融合了点式阅读的优势，并对文章或者资料进行整体感知的初级快速阅读方法。线式阅读可以减少注视文字的次数，加快理解，还可以让视觉中枢接收信息和大脑思维活动的频率和节奏接近一致，促进注

"全想脑力提升书系"
快速阅读

意力的集中，让记忆力不断增强并保持持久的良好状态。正是因为如此，掌握线式阅读法，建立整体性感知的阅读习惯，对于想要提升阅读速度的每一个人来说都是相当有效的方法，更是迈向更高阶段快速阅读方法的前进基石。

画重点

⊕线式阅读法是从音读的基础上发展起来的，是一种过渡式的混合阅读方式。

⊕线式阅读融合了点式阅读的优势，并对文章或者资料进行整体感知。

⊕线式阅读法是迈向快速阅读更高阶段的基石。

第六章

速读方法运用训练

专栏三　线式阅读训练

现在我们就从下面这篇文章开始练习线式阅读吧，阅读完成后请记录好你用的阅读时间，再回答后面的问题，完成答题后，请在原文中找出正确答案，计算出得分，并根据前面的公式计算出阅读速度和阅读效率。

用时(秒)	得分	阅读速度	阅读效率

我做得到

洛克·里昂兹是纽约空军喷射机防卫队队员马丁·里昂兹的儿子。洛克5岁时，有一天和母亲开着小货车行走在阿拉巴马的乡间小道上。他悠闲地睡在前座，脚则舒服地放在母亲凯莉的大腿上。

凯莉小心地将小货车从乡村小路面转向狭窄的小桥。没想到路上有个坑洞，使整辆车滑出路面，向路边冲出，右前轮也因此凹陷。由于害怕整个车子翻覆，凯莉赶紧用力踩油门，把方向盘转向左边，试图把车子拉回路上。但是事与愿违，洛克的脚被卡在凯莉的腿及方向盘中，因此车子失去了控制。

小货车跌跌撞撞掉到20尺下的峡谷中。一直到车子掉入谷底，洛克才醒了过来："妈咪，发生什么事了？车子怎么四脚朝天？"

凯莉满脸是血，不辨东西。车子的变速杆插进了她的脸，从额头到嘴唇被撕裂，牙龈残破，脸颊损毁，肩膀也被压碎，一段粉碎的骨头竟从她的腋下穿出,整个人则被支离破碎的车门压得动弹不得。

而洛克则奇迹般的毫发未伤,他嚷着:"妈咪,我会带你出去。"

他从凯莉的下面爬了出来,经由车窗离开了小货车,并尝试着将母亲拉出车子,但凯莉一动也不动。凯莉在昏昏沉沉中只是哀求:"让我睡一下吧!"洛克大声喊叫:"妈咪,你要坚持住,千万别睡着啊!"

洛克又钻进了小货车,并将凯莉推出车子的残骸。又告诉凯莉,他将爬到马路上去拦车求救。由于害怕在黑暗中没有人会看到这么小的男孩,凯莉拒绝让洛克单独前往。母子两人只好慢慢地爬上堤防。洛克用瘦小的身躯将两倍半重的母亲往上推,就这样一寸一寸有如蜗牛爬行。凯莉感到如此疼痛,几乎要放弃希望,但洛克始终鼓舞着她。

为了鼓励凯莉,洛克告诉妈妈想想《小火车》的故事。其实这是个典型的童话故事,故事中的小火车虽然只有小小引擎,却能爬上陡峭的山头。为了提醒凯莉振作起来,洛克则重复故事中提到的"我相信你能做到,我相信你能做到……"

仿佛过了一个世纪,他们终于爬到了路边,洛克才有亮光看清母亲受重创的脸。他开始泪流满面,挥舞着双手,对着驶过的货车呼喊:"停下来,请停下来!"向司机恳求:"请带我妈咪到医院。"

医生总共花了8个小时,缝了344针来整合凯莉的脸,虽然她如今看起来和以往大不相同;过去她有笔直的鼻子、薄薄的嘴唇以及高高的额骨,现在则是扁鼻、阔嘴、塌颊,但脸上留下很少疤痕,而且已经痊愈。

洛克的英勇事迹成了大新闻。但这个有胆识的小男孩,却很谦虚地认为自己没有做什么事。他说:"这一切都在意料之外,我只是做了该做的事,任何人当时都会那样做的。"凯莉则感动地说:"如果不是洛克,我可能早就因流血过多而死了。"

(以上文字来源于网络,约1000字)

第六章

速读方法运用训练

请回答下列问题：

一、选择题（每题10分，共60分）

1. 小货车跌跌撞撞掉到（　　）尺下的峡谷中。

    A. 10　　　　B. 30　　　　C. 20　　　　D. 40

2. 文中事件的发生时，洛克（　　）岁。

    A. 5　　　　B. 6　　　　C. 8　　　　D. 9

3. 凯莉小心地将小货车从（　　）转向狭窄的小桥。

    A. 大马路上　　B. 公路　　C. 小路面　　D. 乡村小路面

4. 没想到路上有个（　　），使整辆车滑出路面。

    A. 石头　　　B. 坑洞　　　C. 小孩　　　D. 碎片

5. 凯莉的脸一共缝了（　　）针。

    A. 344　　　B. 8　　　　C. 354　　　D. 文中没提

6. 洛克用瘦小的身躯将（　　）重的母亲往上推。

    A. 一倍半　　B. 两倍　　　C. 两倍半　　D. 三倍

二、原文填空题（每题10分，共30分）

1. 凯莉在昏昏沉沉中只是哀求："_____！"

2. 洛克的英勇事迹成了大新闻，但他却很谦虚地说："这一切都在意料之外，_____，任何人在当时都会那样做的。"

3. 为了鼓励凯莉，洛克告诉妈妈想想《_____》的故事。

三、简答题（10分）

凯莉试图把车子拉回路上，但是事与愿违，车子失去了控制，为什么？

第三节 直视阅读法

当我们能够轻松地采取线式阅读对一篇文章进行阅读,并在回答与文章相关的问题时保持良好的正确率后,就可以采取直视阅读法进行阅读练习了。

直视阅读法是一个叫艾维琳·伍德的美国人经过12年的研究后创造的,它本来的名字叫徒手直视阅读法。她创造出这种阅读方法后,号称只要采用这种方法进行阅读训练,任何人都可以把阅读速度提高到每分钟3000字以上的水平。在训练中,她要求学生用手作为引导工具,引导眼睛去吸收文章及资料中全段的含义,并迅速吸收及反馈。

在前面的章节中,我们已经重点训练提升眼睛的余光区,很多人一定会觉得这个训练非常枯燥无味,甚至有人在训练的时候还会有轻微的头晕、呕吐等不适应感,90%以上的人在这个阶段就开始放弃了,这是非常可惜的。

前面对余光区训练的效果,在直视阅读法中会非常明显地反映出来,你的余光区越宽,对文章内容的感知就越清晰,那你的阅读速度就会越快。因为在直视阅读法中,我们的眼睛在阅读书的时候是沿着书面的中心线上下垂直跳动的,在上下垂直跳动的过程中,眼睛能够迅速地从文章中提取出关键词或者关键句子,抓住主要内容,并输入到大脑进行辨识和理解。

直视阅读法以纵向阅读的方式大大提升了阅读的速度和效率,并从根本上改变和摒弃了横排阅读的习惯,同时也大大提升了视幅范围和视觉感

第六章
速读方法运用训练

知能力。现在我们来看看直视阅读法的示意图吧：

在1998年的7月，一个偶然的机会，我的学业出现了转机，在一个同学的帮助下我接触到了一个来自台湾的记忆力训练研习会。在这个记忆力训练研习会上我有了深刻的体会：记不住学习资料不是因为我脑瓜笨，而是我没有学会并运用正确的记忆方法。课程结束后，我把自己所学习到的记忆方法运用到复习知识重点、英语单词等记忆中，我惊喜地发现，每一堂课老师所讲的课程内容、英语单词，我竟然能复述出80%以上。拥有了这种让同学们羡慕、老师惊叹的超级记忆力后，我的学习成绩自然而然得到快速提升，在当年的期末考试中，我的英语成绩竟然考了年级第一名！

毕业后，我应邀进入这家记忆力培训机构，从助教开始做起。短短2年的时间，我就从助教晋升成为这家机构最年轻的培训讲师，那年我24岁。

看了上面的示意图，你应该更加直观地了解直视阅读法了。

用时(秒)	得分	阅读速度	阅读效率

画重点

⊕直视阅读法是线式阅读法的进阶。

⊕直视阅读法是一个叫艾维琳·伍德的美国人经过12年的研究后创造的，它本来的名字叫徒手直视阅读法。

⊕对余光区训练的效果，在直视阅读法中会非常明显地反映出来。

专栏四　直视阅读训练

现在我们就开始进入训练吧，阅读完成后请记录好你用的阅读时间，再回答后面的问题，完成答题后，请在原文中找出正确答案，计算出得分，并根据前面的公式计算出阅读速度和阅读效率。

用时（秒）	得分	阅读速度	阅读效率

思维导图的来源

思维导图是由世界著名学者、英国教育学家托尼·巴赞在1974年发明创造的。它的英文名称叫作"Mindmap"，因此在中国台湾和香港地区有人直接把它翻译成"心智图"或者"心智绘图"，而在大陆则被叫作"思维导图"。

托尼·巴赞在大学时代，在遇到信息吸收、整理及记忆等困难时，他前往图书馆寻求协助，却惊讶地发现没有教导如何正确有效使用大脑的相关书籍资料，于是开始思索和寻找新的思想或方法来解决。在大量研究心理学、神经生理学等学科后，他渐渐地发现人类头脑的每一个脑细胞及大脑的各种技巧如果能被和谐而巧妙地运用，将比彼此分开工作产生更大的效率。经过一段时间的摸索，结合最伟大的思想家们，尤其是受到达·芬奇等人在笔记中使用图画、代号和连线及涂鸦的启发，于是他也开始设定一些词汇、数字、代码、食物、香味、线条、色彩、图像、节拍、音符和

第六章

速读方法运用训练

纹路等用在自己的学习笔记上，通过不断的改进和应用，巴赞先生的学习时间不但大大减少了，而且效率还有了大幅度的提升，成绩因此也好了起来。

大学毕业后，一次偶然机会，他成了一位兼职家教老师，在教学中他发现很多孩子的笔记做得一塌糊涂，于是就把自己在大学时代做笔记的方法教给了自己的学生，这种新奇的记笔记方式很快就赢得了学生的喜欢。经过实际的运用，这些学生的成绩有了明显的提升，其中更有一部分成为同年级中的佼佼者。后来巴赞先生又根据每个学生的实际学习情况，把这种记笔记方式做了进一步的调整，最后他决定把这种同时拥有图片、颜色、关键词和各种线条的笔记方式取名为Mindmap，翻译过来就是思维导图，思维导图就在这样一个偶然的机会中诞生了。

真正让思维导图这个学习工具声名大噪、响彻世界的来自另一个偶然的机会。在巴赞辅导的学生中有一位同学的家长当时在英国BBC电视台任职，他看见自己的孩子每天都把笔记画在一张纸上，就对这种方法非常感兴趣。在初步了解了思维导图后，他觉得这种方法非常不错，就在电视台为巴赞先生争取了一个30分钟的节目时间。在制作节目内容的会议上，巴赞先生现场为所有的工作人员画出了头脑风暴式会议的思维导图。看着渐渐完整的图形，BBC继续教育部门的领导被彻底征服了，并要求把一期的节目做成一个系列，共10期。这一系列名叫"使用你的头脑"的电视节目一经播放就引起了巨大轰动，再加上巴赞与BBC合作推出的一本与节目相关的书籍大获成功，巴赞先生成为英国家喻户晓的"大脑先生"。他撰写的二十多种大脑方面的图书已被翻译成几十种语言，在全球五十多个国家和地区发行，并成为世界顶级公司进行高级人员培训的必选教材。

（文本来源于网络，约1200字）

"全想脑力提升书系"

快速阅读

请回答下列问题，答对每题得10分。

1. 英国教育学家托尼·巴赞（Tony Buzan）在（　　）年发明创造了思维导图。

   A. 1972　　　　　B. 1974　　　　　C. 1971　　　　　D. 1970

2. 一次偶然机会，托尼·巴赞（Tony Buzan）成了一位（　　）。

   A. 数学老师　　　B. 兼职老师　　　C. 兼职家教老师　　D. 语文老师

3. 电视台为巴赞先生争取了一个（　　）分钟的节目时间。

   A. 30　　　　　　B. 32　　　　　　C. 一个半小时　　D. 文章中没有说

4. 托尼·巴赞（Tony Buzan）所写的书在全球（　　）多个国家发行。

   A. 20　　　　　　B. 10　　　　　　C. 50　　　　　　D. 1

5. 巴赞辅导的学生中有一位同学的家长当时在英国（　　）电视台任职。

   A. BCC　　　　　B. BAC　　　　　C. BBC　　　　　D. 文中没说

6. 托尼·巴赞（Tony Buzan）撰写的二十多种大脑方面的图书已被翻译成（　　）种语言。

   A. 二十几　　　　B. 文中没说　　　C. 几十　　　　　D. 十几

7. 托尼·巴赞在大学时代，在遇到_____等困难时，前往图书馆寻求协助。

8. 托尼·巴赞（Tony Buzan）所做的电视节目一经播放就引起了_____。

9. 托尼·巴赞（Tony Buzan）受到_____等人在笔记中使用图画、代号和连线及涂鸦的启发，从而创造了思维导图。

10. 托尼·巴赞（Tony Buzan）与BBC电视台推出的书叫（　　）。

   A. 思维导图　　　B. Mindmap　　　C. 头脑风暴　　　D. 文中没有说

不知道你阅读完成后，回答对了多少题？效率高不高？如果你对自己的这次成绩还比较满意的话，恭喜你，你达成了自己的目标。如果这次的

第六章

速读方法运用训练

成绩和自己的预期有差距，没有关系，继续找出一些资料练习就好。但同时我也要提醒你：在直视阅读的训练过程中，保持良好的腹式呼吸非常重要，视点应该放在中线的位置上，并且一定要自上而下地垂直运动。如果在阅读的时候，你感觉到自己的余光区无法让书上的字都清晰地入目，就必须加强线式阅读和对眼睛余光区的训练，练习的资料可以是报纸、杂志内容以及故事等。随着练习的深入，你自然而然会掌握真正的直视阅读法。

第四节　面视阅读法

通过前面两种阅读方式的练习，我们现在要进入更高层次的阅读练习了，这个练习方法就叫面视阅读法。通过面视阅读法训练，最终可以达到一目多行、半页甚至整页的快速阅读。

在采用面视阅读方法阅读文章或者资料的时候，需要尽可能地有效利用视觉的感知范围，扩大眼睛的视读范围，这样才能尽可能地把一眼看见的一段、数段甚至整页的文字清晰地感知，并通过视觉中枢系统传递给大脑进行有效的记忆。人们常说的"眼脑直映，一目十行"就是这样的效果。

为了达到这样的熟练运用状态，在运用面视阅读法的时候，我们在整个阅读的过程中，视点都必须保持在书页的中线做由上而下的垂直运动，这样眼睛的余光区就会将书页中心两端的文字置于整个视觉范围之内，由于余光区能够清晰地感知每一个字、每一句话、每一个段落甚至是整一页，因此我们就能避免目光像线式阅读一样左右来回扫动，从而保证了阅读速度的快速提升。

但同时也要强调一点，在面视阅读的时候，由于眼睛一眼接收的文字信息多，因此就会选择性地吸收一些大脑认为最重要的信息和文字，在大脑中直接转换成图像的形式，迅速促成对文章或者资料的理解和分析。因此，在训练的过程中移动不要只是片面地追求速度，而忽略了对内容的理解，那就得不偿失了。但如果你能够在阅读的时候多做些积极的思考，利用大脑提取的关键词或者关键的句子结合有关的句群知识、段落知识等为

第六章

速读方法运用训练

线索，进行联想及推测，一定会很快地掌握文章的内容，取得非常良好的阅读效果和体验。为了方便大家迅速掌握，我特地做了一目三行、一目四行及一目五行的示意图，如下：

为什么要讲到长期的运用呢？我举个例子来说吧。我有一个学员叫王怡，她问了我一个问题，"老师，学了这个记忆提升课程后，如果不长期运用的话，会怎么样？"当时我没有直接回答她，而是指着一辆车对她说："你跟那些出租车驾驶员相比，谁的驾驶技术会更好一些？""当然是出租车驾驶员。"王怡直接回答我。我说："这就对了。"

为什么出租车驾驶员的技术好呢？因为他们长期运用。没有一个人生下来就是驾驶天才，所谓的天才都是后天锻炼出来

一目三行示意图

子来说吧。我有一个学员叫王怡，她问了我一个问题，"老师，学了这个记忆提升课程后，如果不长期运用的话，会怎么样？"当时我没有直接回答她，而是指着一辆车对她说："你跟那些出租车驾驶员相比，谁的驾驶技术会更好一些？""当然是出租车驾驶员。"王怡直接回答我。我说："这就对了。"

为什么出租车驾驶员的技术好呢？因为他们长期运用。没有一个人生下来就是驾驶天才，所谓的天才都是后天锻炼出来

一目四行示意图

"全想脑力提升书系"

快速阅读

为什么要讲到长期的运用呢？我举个例子来说吧。我有一个学员叫王怡，她问了我一个问题，"老师，学了这个记忆提升课程后，如果不长期运用的话，会怎么样？"当时我没有直接回答她，而是指着一辆车对她说："你跟那些出租车驾驶员相比，谁的驾驶技术会更好一些？""当然是出租车驾驶员。"王怡直接回答我。我说："这就对了。"

为什么出租车驾驶员的技术好呢？因为他们长期运用。没有一个人生下来就是驾驶天才，所谓的天才都是后天锻炼出来

一目五行示意图

画 重 点

⊕ 经过面视阅读法训练，最终可以做到一目多行、半页甚至整页。

⊕ 运用面视阅读法的时候，我们阅读时候视点都必须保持在书页的中线做由上而下的垂直运动。

⊕ 使用面视阅读法不要只是片面地追求速度阅读，更多做些积极的思考。

第六章

速读方法运用训练

专栏五　面视阅读训练

现在，我们来实际练习吧，请采用面视阅读法阅读下面这篇文章，阅读完成后请记录下时间，计算出自己的阅读速度，然后开始回答后面的问题，回答完成后，请参考原文找出标准答案，每答对一题得10分，60分为及格，并计算出自己的阅读效率。好了，来吧。

用时(秒)	得分	阅读速度	阅读效率

生命的掌声

我常常想起一个关于掌声的故事。

那是我上高中一年级的时候。班里有位叫英子的女孩儿，沉静漂亮，但是总爱蜷缩在教室的一角。上课前，她早早地来到教室，下课后，她又总要最后一个离开教室。后来我们才知道，她的腿因为得了小儿麻痹症而落下了残疾，她不愿意让人看到她走路的姿势。

一天，上演讲课时，老师让同学们走上讲台讲述一个小故事。轮到英子演讲的时候，全班四十多双眼睛一齐投向了那个角落，英子立刻把头低了下去。演讲老师是刚调来的，还不了解英子的情况，他就一直点着英子的名字。

英子犹豫了一会儿，最后慢慢地站了起来。我们注意到，英子的眼圈红了。

"全想脑力提升书系"

快速阅读

在全班同学的注视下，英子终于一摇一晃地走上了讲台。就在她刚刚站定的那一刻，不知是在谁的带动下，骤然间响起了一阵掌声。那掌声热烈、持久，在掌声里，我们看到英子的泪水流了下来。

掌声渐渐平息，英子也定了定情绪，开始讲述她童年的一个小故事。她的普通话说得很标准，声音也十分动听。当她结束演讲的时候，班里又响起了一阵掌声。英子很有礼貌地向老师深鞠一躬，又向同学们深鞠一躬，然后在掌声里一摇一晃地走下了讲台。

奇怪的是，自从那次演讲以后，英子就像变了一个人似的。她不再那么忧郁了，她和同学们在一块游戏、说笑，甚至有一次还走进了学校的小舞厅，让同学们教她跳舞。后来，英子的学习成绩一直很好，尤其是数学和物理，高二那年，她代表我们学校参加了全国奥林匹克物理竞赛，还得了奖。

三年时光，匆匆而过。三年之后，英子被北京的一所大学破格录取。后来，英子给我来信说："我永远不会忘记那一次掌声，因为它使我明白，同学们并没有歧视我。我应该鼓起勇气微笑着面对生活，那次掌声给了我第二次生命……"

我这才明白英子变得开朗活泼的原因。从那以后，我学会了给人掌声，尤其是当别人身处困境的时候。其实，人都是需要掌声的。在人生的舞台上，谁不希望自己的演出得到喝彩？掌声，是一种尊重，更是对一个生命的鼓励和肯定。

（本文来源于网络，约800字）

测试题

1. 我常常想起关于（　　）的故事。
   A. 生命　　　　B. 演讲　　　　C. 鼓舞　　　　D. 掌声

2. 班里沉静漂亮的女孩的腿（　　）。
   A. 先天残疾　　B. 骨折了　　　C. 小儿麻痹　　D. 被车撞了

第六章

速读方法运用训练

3. 听到大家的掌声，英子（　　）。

　　A. 流泪了　　　　B. 很羞愧　　　　C. 难为情　　　　D. 很失望

4. 英子到讲台（　　）。

　　A. 考试　　　　　B. 擦黑板　　　　C. 演讲　　　　　D. 做题

5. 英子参加（　　）得奖。

　　A. 语文竞赛　　　B. 数学竞赛　　　C. 物理竞赛　　　D. 英语竞赛

6. 英子被（　　）的一所大学破格录取。

　　A. 北京　　　　　B. 大连　　　　　C. 广东　　　　　D. 湖北

7. 英子回忆说是那次掌声给了（　　）。

　　A. 得奖的机会　　　　　　　　　　B. 第二次生命

　　C. 被录取的机会　　　　　　　　　D. 考大学的机会

8. 英子变得开朗活泼的原因是（　　）。

　　A. 同学喜欢　　　B. 得到鼓舞　　　C. 老师喜欢　　　D. 考入大学

9. 每个人都希望自己的人生舞台能够得到（　　）。

　　A. 同学的喜欢　　B. 别人的尊重　　C. 老师的喜欢　　D. 家人的支持

10. 通过英子的转变使我们了解到掌声是对一个人最大的_____。

　　不知道你阅读完成后，回答对了多少题？效率高不高？如果你对自己的这次成绩还比较满意的话，恭喜你，你达成了自己的目标。如果这次的成绩和自己的预期有差距，没有关系，继续找出一些资料练习就好。但同时我也要提醒你：在面视阅读的训练过程中，保持良好的腹式呼吸非常重要，视点应该放在中线的位置上，并且一定要自上而下地垂直运动，只有这样，才能让视野变得越来越宽阔，对文字的感知越来越清晰，训练成真正的面试阅读，从而达到"一目十行，过目不忘"的超强阅读能力。

　　最后，附上训练记录表，在每一次的训练中，请记录下每个训练方法花费的时间，以便掌握自己的训练进度。

"全想脑力提升书系"

快速阅读

全脑快速阅读训练21天进度记录表

序号	注意力训形	眼肌训练					视幅扩展训练		测试成绩	
		横向"之"字形	纵向"之"字形	对角线移动	横向8字形	纵向8字形	舒尔特表	视点移动训练	阅读速度	阅读效率
1										
2										
3										
4										
5										
6										
7										
8										
9										
10										
11										
12										
13										
14										
15										
16										
17										
18										
19										

第六章

速读方法运用训练

续表

序号	注意力训形	眼肌训练					视幅扩展训练		测试成绩	
		横向"之"字形	纵向"之"字形	对角线移动	横向8字形	纵向8字形	舒尔特表	视点移动训练	阅读速度	阅读效率
20										
21										

专栏六　无声阅读

无声阅读是指在采用全脑快速阅读的时候，大脑直接感知书本或者资料的图像和文字含义，不必通过发音器官把文字转换成声音。无声阅读是全脑快速阅读的基础，同时又是全脑快速阅读的终极目标。

采用无声阅读时，发音器官受到有效抑制，视觉因不受逐字逐音的牵制而解放出来，完全以大脑的内部语言进行理解，因而能使视觉范围扩大，便于以句、以行甚至以段、以页为单位阅读。然而对大多数没有经过全脑快速阅读训练的人来说，采用无声的方式以句、以行甚至以段、以页为单位阅读书本或者资料就有相当大的难度。但经过一段时间的有效训练后，你就可以熟练地掌握无声阅读的相关技巧了。

如果没有无声阅读做基础，要进行全脑快速阅读，简直是天方夜谭。说它是全脑快速阅读的终极目标，是因为无声阅读建立起来一种新的"视读"模式，是速读的依赖。那什么是"视读"呢？"视读"就是眼睛看到文字之后，在脑中直接感知文字的意义，然后再综合整理文字内容实现图像记忆并理解的过程。在这个过程中，很多人痛苦的不是在进行"视点移动"练习时的枯燥，而是不断克服"音读"的过程。想要成功克服"音读"，达成"视读"，就必须跨越在进行全脑快速阅读训练的过程中所要经历的四个关键阶段。

第一个阶段：音读约占90%，视读约占10%。这个阶段，几乎对所有的文字都是采取的音读，因此音读的比例高达90%，原因就在于我们连一点

第六章
速读方法运用训练

关于全脑快速阅读的相关技巧都没有掌握，只有采取最原始的方式进行默读。虽然绝大多数人是默读，听不到声音，但实际上是在心里自我听读，也就是大脑的言语运动中枢以及相关联的发音器官都处于潜在的运动之中。这种内听现象在默读时广泛存在，是限制阅读速度提高的重要原因之一。而这10%的视读主要是对图像的阅读，图像是只能视读的，漫画除外。

第二个阶段：音读约占60%，视读约占40%。经过一段时间的全脑快速阅读训练之后，我们眼球的灵活度提升了很多，视幅的范围也扩大了许多。这时候，我们对于一些经常看见的熟悉的句子或者意思相近的句子都可以采取视读了，但对大多数的书本内容或者文章资料还是会采取音读。

第三个阶段：音读约占40%，视读约占60%。到了这个阶段，你已经掌握了全脑快速阅读法的全部技巧和方法了，音读已经不再是你的难点了，你现在的难点是如何提高自己的理解力和记忆的效果。

第四个阶段：音读约占5%，视读约占95%。到了这个阶段，你的阅读速度至少在每分钟2000字以上了。无论是以句子为单位的基础速读，还是以段落为单位的文章资料等，你都可以迅速地阅读完毕并完成复述和理解，并且正确率在80%以上。由于人类生理功能的限制，音读几乎无法根除，因此在这个阶段，如果你还想要提升自己的阅读速度，只需要不断地练习和运用全脑快速阅读法，争取把音读最小化，阅读的速度就会快速提升。对于我们大多数人来说，阅读速度保持在每分钟2000~3000字就完全可以满足工作和生活的需要了。

那要怎样才能将音读占比最小化呢？对于全脑快速阅读法的初学者来说，必须从根本上解决默读的问题，如果在训练中没有得到正确的指导，你将始终徘徊在音读与无声阅读之间，不会有任何大的提升和进步。要想将音读占比最小化，有两个技巧供你参考：

"全想脑力提升书系"

快 速 阅 读

第一，要做到在不要求理解的情况下，看到文字不发音。即使你刚刚大声地朗读完一篇文章，只要你想不发音了，那么马上就可以恢复到看到文字不发音的状态。练习的方法很简单：在电脑上建立一个word文档，文档分为两栏，每栏都打上一些毫无意义的符号，如：▲♪♯♦÷↑↓◆◇。先来看看我们该如何制作符号文档吧（图1），按照图1的方式排满整个文档就好，当然，你也可以多做几个这样的文档，方便以后的练习。

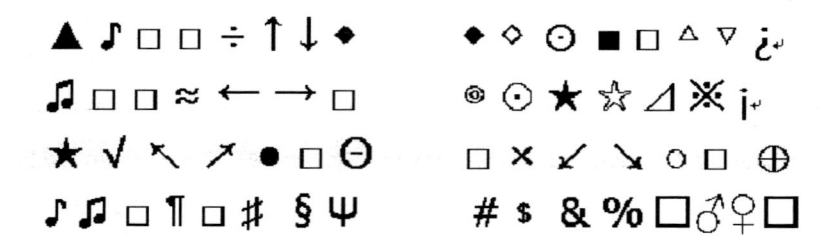

▲ ♪ □ □ ÷ ↑ ↓ ◆　　◆ ◇ ⊙ ■ □ △ ▽ ¿
♪ □ □ ≈ ← → □　　◎ ⊙ ★ ☆ △ ※ ¡
★ √ ↗ ↗ ● □ −　　□ × ✓ ↘ ○ □ ⊕
♪♫ □ ¶ □ ♯ §Ψ　　# $ & % □ ♂ ♀ □

图1

建立好这个文档后，放大一点，然后打开节拍器，把节拍器调整到100~120的节奏，然后再一个节拍一排符号进行视读练习。看完整页后，回到我们前面讲的一目五字训练的页面，还是一个节奏一排文字，如此反复，直到看到文字也跟符号一样，无论怎样都不会发出声音为止。

第二，达到不要求理解的情况下看文字不发音以后，先找一些浅显的，或者你非常熟悉的文字资料，以2~9个字为单位划分好，然后以120的节奏调整好节拍器，跟着节拍闪视文字。在闪视的时候一定不要刻意地强迫大脑去理解，而是无声地把那些文字映入脑海里。直到某一时刻，你会感觉到眼睛一看到文字，大脑立刻就会做出反应，交给你理解后的文字意义。开始的时候，理解出来的文字意义不会很清晰，随着练习的深入，你会清晰地感觉到大脑瞬间理解的状态。这种理解是非常精确的理解，是与音读状况下完全不同的理解状态。为了方便你迅速地掌握，在开始进行此

第六章

速读方法运用训练

方法训练的时候，我建议你对要阅读的文章或者资料以2~4个字为单位划分好了再进行阅读。如果你是在电脑上做这个练习的话，尽量把字号扩大到三号字，这样效果要好得多。等能够熟练地运用2~4个字为单位划分文章后，再增加难度，进行5个字及以上的练习。现在我们就来做以2~4个字为单位划分的文章练习吧。

军神

重庆/临江门外，/一个/德国人/开设的/诊所里，医生沃克/端坐在/桌后。/他/头也不抬，/冷冷地/问：/"你叫/什么名字？"

"刘大川。"/"年龄？"/"24岁。"/"什么病？"/"土匪/打伤了/眼睛。"

沃克医生/站起身/熟练地/打开/病人右眼上/的绷带。/他愣住了，/蓝色的/眼睛里/闪出惊疑的/神情。他重新/审视着/眼前/这个人，冷冷地/问："你是/干什么的？"/"邮局职员。"/"你是军人！"/沃克医生/一针见血/地说，/"我当过/军医，这么重的/伤势，/只有军人/才能这样/从容镇定！"

病人/微微一笑，/说：/"沃克医生，/你说/我是军人，我就是/军人吧。"/沃克医生/的目光/柔和了，/他吩咐/护士:/"准备手术。"/沃克/正在换/手术服，/护士跑来，/低声告诉/沃克/病人拒绝/使用/麻醉剂。/沃克医生/的眉毛/扬了起来，/他走进/手术室，/生气地说：/"年轻人，/在这儿/要听医生/的指挥！"

病人平静/地回答：/"沃克医生，/眼睛/离脑子/太近，/我担心/施行麻醉/会影响/脑神经。/而我，/今后需要/一个/非常清醒/的大脑！"/沃克/再一次/愣住了，/竟有点/口吃地/说："你、/你能/忍受吗？/你的右眼/需要摘除/坏死的/眼珠，/把烂肉/和新生的/息肉一起/切割掉！"/"试试看吧。"

"全想脑力提升书系"
快速阅读

手术台上，/一向/从容/镇定的/沃克医生，/这次/双手/却有些/颤抖，/他额上/汗珠滚滚，/护士帮他/擦了/一次又一次。/最后/他忍不住/开口/对病人说：/"你疼不过/可以哼叫。"

病人/一声不吭。/他勉强/一笑，/说："我一直在/数你的/刀数。"/沃克医生/吓了一跳，/不相信地/问："我割了/多少刀？"/"七十二刀。"/沃克/惊呆了，/失声嚷道：/"你是一个/真正的/男子汉，/一块/会说话的/钢板！/你堪称/军神！"/"你过奖了。"

沃克医生/的脸上/浮出慈祥/的神情。/他想说/什么/又忍住了，/挥手/让护士/出去，/然后/关上/手术室的/门，/注视/着病人，/说："告诉我，/你的真名/叫什么？"/"刘伯承。"

沃克医生/肃然起敬/："啊，川东支队/的将领，/久仰久仰，/认识你/很荣幸。"/刘伯承友好地/伸过手去。

（以上文字来自人教版小学语文课本五年级上册，约800字）

怎么样？这样的训练方式能够适应吗？如果不能适应，请将前面讲的字符训练多练习一段时间后，再继续做文章的练习。如果你感觉还不错，就可以继续练习了，这个练习需要坚持一段时间。

至于21天文章无声阅读训练计划，因为文章是用不同字号排版的，非常占版面，请读者关注刘老师公号获取文章PDF版本。

★本书配套快速阅读训练软件，下载地址为www.liuzhihua.vip。